Introducción

El *Cuaderno de actividades* del proyecto *Español lengua viva 3* está destinado a **estudiantes jóvenes y adultos** de español y recoge contenidos del **nivel B2** del *Plan curricular del Instituto Cervantes: niveles de referencia para el español*.

El *Cuaderno de actividades* consta de **doce unidades**. La mayor parte de las **actividades** son para repasar y consolidar de forma individual los principales contenidos presentados en las unidades del *Libro del alumno* (gramática, vocabulario, etc.), pero también hay actividades para realizar en clase. Con el **CD audio** se trabaja de forma específica la comprensión auditiva y la pronunciación. Al final de cada unidad hay una **autoevaluación** de los objetivos alcanzados y una serie de actividades de respuesta cerrada para comprobar los conocimientos adquiridos.

Al igual que en el *Libro del alumno*, los **iconos** que preceden a los enunciados de las actividades indican el tipo de actividad de lengua que se va a realizar y/o las competencias generales y comunicativas que se van a desarrollar:

- la expresión oral 🗨
- la expresión escrita ✎
- la comprensión auditiva ⑭
- la comprensión de lectura 📖
- y la interacción oral 🗨.

- el conocimiento cultural y sociocultural y la consciencia intercultural [Cs]
- la capacidad de aprender [E]
- la competencia funcional y discursiva [C]
- la competencia gramatical [G]
- la competencia léxica y semántica [V]
- la competencia fonológica [P]
- y la competencia ortográfica [O].

Al final de este cuaderno se incluyen las **transcripciones** de las grabaciones del CD audio y las **soluciones** de las actividades de respuesta cerrada.

Con el **CD-ROM** se podrán reforzar los principales contenidos gramaticales, léxicos, de comunicación, culturales y socioculturales y comprobar los resultados de las actividades propuestas para evaluar el aprendizaje.

Índice

En esta unidad vas a practicar:

■ Comprender y expresar normas y reglas:	1
■ Saludos y presentaciones en situaciones formales e informales:	2
■ Identificar a alguien dentro de un grupo:	3
■ Entender y expresar experiencias en el aprendizaje del español:	4
■ *Lo que* + oración:	4
■ Expresar empatía:	4
■ Aconsejar:	4
■ Preguntar para confirmar, ampliar o desmentir una información:	5
■ Expresar posibilidad:	6
■ Las oraciones causales (*gracias a*, *porque*, *puesto que*...):	7
■ Dar información sobre gustos e intereses:	8
■ La pronunciación y ortografía de las consonantes *b*, *d*, *g* y *j*:	9, 10

1. a. 📖 [V] Lee las siguientes normas y complétalas con las palabras del cuadro.

gastos	zonas	antelación
disponen	equipada	abonar
respetar	compañía	extra
integrarse	cuenta	conexión
servicio	llevar	ropa

Estas son algunas de las normas que tiene que cumplir, si quiere que su estancia sea en una familia. Léalas atentamente.

1. Si desea que la familia lave y planche su ropa, deberá _____ una cantidad _____ de 12 € semanales. Si usted no quiere este _____, recuerde que no podrá lavar su ropa en la casa de la familia.

2. El estudiante debe _____ los horarios, costumbres y normas de la familia para _____ en ella.

3. No está permitido _____ a otras personas a la casa de la familia a partir de las 9 p. m.

4. Usted no podrá llevar a la casa de la familia que le haya sido asignada su(s) animal(es) de _____ .

5. Si avisa con _____, la familia le preparará la comida para cuando decida hacer excursiones o viajes de un día.

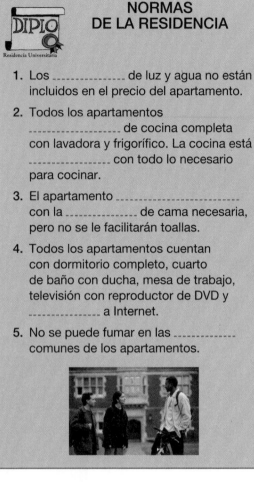

NORMAS DE LA RESIDENCIA

Residencia Universitaria

1. Los _____ de luz y agua no están incluidos en el precio del apartamento.

2. Todos los apartamentos _____ de cocina completa con lavadora y frigorífico. La cocina está _____ con todo lo necesario para cocinar.

3. El apartamento _____ con la _____ de cama necesaria, pero no se le facilitarán toallas.

4. Todos los apartamentos cuentan con dormitorio completo, cuarto de baño con ducha, mesa de trabajo, televisión con reproductor de DVD y _____ a Internet.

5. No se puede fumar en las _____ comunes de los apartamentos.

b. [G] Vuelve a leer los textos anteriores y completa estas oraciones con la información que falta.

1. A partir de las nueve de la noche está prohibido que el estudiante _____

2. Para integrarse en la familia, es necesario que el estudiante _____

3. Para que la familia se ocupe de la ropa del estudiante, es obligatorio _____

4. En las zonas comunes de los apartamentos está prohibido _____

5. Como no están incluidos en el precio del apartamento, es obligatorio que el estudiante _____

6. No está permitido _____ a la casa de la familia.

7. En los apartamentos se puede _____, ya que disponen de todo lo necesario.

8. Para que la familia le dé la comida para los viajes de un día, es necesario _____

9. Si se aloja en un apartamento, no es necesario que _____, pero sí toallas.

c. ◁ Imagina que eres un estudiante de 20 años que quiere irse tres meses a estudiar a otro país, ¿qué alojamiento de los anteriores elegirías? ¿Por qué?

VENTAJAS	INCONVENIENTES

d. Compara lo que has escrito con tus compañeros. ¿Cuál es el alojamiento más votado de la clase?

2. a. ① Marta vuelve a la facultad después de las vacaciones de verano y se encuentra con varios compañeros. Escucha las conversaciones y marca si estas afirmaciones son verdaderas o falsas.

	V	F
1. Marta y Pablo son vecinos.	☐	☐
2. Teresa está preocupada por la clase de Biología.	☐	☐
3. Carlos aprobó Bioquímica.	☐	☐
4. Francisco Llorente es un profesor de la facultad.	☐	☐

b. [C] Completa estos fragmentos extraídos de los diálogos anteriores con las palabras del cuadro. Pon mayúsculas donde sea necesario.

presentarte   estupendamente   tirando
encantado   ganas   cuánto
cómo   qué   placer

2
- Teresa, ¡qué _____ tenía de volver a verte! ¿Cómo estás?
- Bueno, _____, ¿y tú?
- Pues bien. Pero ¿qué te pasa?
- Es que el horario que tengo este año es horrible y no sé si lo voy a poder compaginar bien con el trabajo.

1
- Hola, Pablo. ¡_____ tiempo sin verte!
- Sí, es que el año pasado estuve de Erasmus.
- ¡Ah, es verdad! Me lo dijo Rafa. ¿Y _____ tal estás?
- ¡Muy bien!
- Oye, mira, quiero _____ a Marcos, mi vecino de habitación. Acaba de llegar.
- ¡Hola!
- Hola, _____ .

3
- Marta, ¡qué bien que te encuentro!
- Carlos, ¡qué alegría! ¿_____ te va?
- _____ .

4
- Hola, buenos días, ¿es usted don Francisco Llorente, el coordinador de la secretaría?
- Sí, soy yo...
- Soy Marta Pedraza. Encantada.
- Es un _____ . Ya tenía ganas de conocerte.
- No me extraña. Con la lata que le he dado este verano…

c. ① Escucha las conversaciones y comprueba.

3. **G** Fíjate en los ejemplos y construye oraciones empleando los siguientes elementos.

> Tom es el (chico) (rubio) del jersey rojo.
> Tom es el (chico) rubio que está sentado junto a la puerta.
> Tom es el (chico) (rubio) que está sentado junto a la puerta.

1. Aurelia/chica morena/servir las bebidas

----

2. Antonio y Marta/bailar salsa

----

3. Teresa/chica/estar al lado de la ventana

----

4. Claudia y Paquita/las faldas largas

----

5. Luis/chico con barba/estar sentado al lado de Teresa

----

6. Marcos y Encarna/chicos/poner la música

----

7. Mis amigos/la mesa del fondo

----

8. Clara, Laura y Diego/los chicos/preparar los canapés

----

9. Roberto y Sergio/los chicos rubios/hablar con Claudia y Paquita

----

10. Mercedes/vestido verde

----

4. a. Lee los problemas de estos estudiantes de idiomas. ¿Te identificas con alguno de ellos? ¿Con cuál? Señálalo.

Cuando escribo un texto, me surgen muchas dudas gramaticales y cometo un montón de errores.

Yuka

Los verbos son muy difíciles de recordar. Creo que necesitaría años para aprender toda la gramática. ¡Qué difícil!

Peter

Me pongo muy nervioso cuando tengo que hablar en clase porque me da mucha vergüenza cometer errores.

Ernest

Cuando me hablan, no entiendo nada. Hablan tan deprisa que tengo que estar interrumpiendo constantemente.

Marco

No recuerdo las palabras. Se me olvida todo y lo paso fatal porque tengo que estar continuamente preguntando cómo se dicen las cosas.

Christine

No entiendo nada cuando leo un texto y me paso todo el tiempo buscando palabras en el diccionario. Así que no disfruto nada de la lectura.

Yanik

b. G Vuelve a leer los problemas que tienen los estudiantes anteriores
y escribe con tus propias palabras lo que le pasa a cada uno.

1. Lo que le pasa a Yuka es que tiene muchas dudas gramaticales cuando escribe y comete muchos errores.

2. _____

3. _____

4. _____

5. _____

6. _____

c. G Completa los consejos que dan estas personas a algunos de los estudiantes anteriores
poniendo los verbos en la forma correspondiente.

1
No te preocupes, le pasa a muchos
estudiantes. Lo mejor es que (aprender)
_____ dos o tres cada día. Intenta
(escribir) _____ con cada uno
oraciones o pequeños textos usando
los tiempos que conoces.

2
A mí me pasa lo mismo, también
me pone muy nervioso esa situación.
Te recomiendo que (hacer) _____
un intercambio con alguien. Procura
(hablar) _____ todo lo que puedas
con tus compañeros. Ya verás como te
ayuda. Además, es normal cometer
errores, no pasa nada.

3
Lo mejor es que (hablar)
_____ con nativos todo
lo que puedas; también puedes (ver)
_____ la tele o (escuchar)
_____ la radio. Y si no entiendes
algunas palabras, no pasa nada.

4
Te entiendo perfectamente.
Lo mejor es que (escribir) _____
oraciones con esas palabras
o que (intentar) _____
relacionarlas por temas. Intenta también
(leer) _____ mucho, a mí me
ayuda bastante para aprender
vocabulario.

d. 📖 Vuelve a leer los consejos. ¿A qué estudiantes de 4. a. van dirigidos? Escríbelo.

El consejo n.º 1 es para _____   El consejo n.º 3 es para _____

El consejo n.º 2 es para _____   El consejo n.º 4 es para _____

e. ◁ C Vuelve a leer los problemas de los estudiantes que se han
quedado sin consejo y escribe uno para cada uno de ellos.

_____   _____

_____   _____

_____   _____

_____   _____

f. 🗨 Compara lo que has escrito con lo que han escrito tus compañeros.
Entre todos, haced una lista con los tres consejos que os parezcan
más útiles para cada uno de los problemas.

5. ☐E ¿Qué dirías en estas situaciones? Elige la respuesta adecuada.

1. Pides ayuda a un agente de policía antes de hacerle una pregunta.

2. Quieres comprobar si has entendido bien algunas preguntas de un formulario que estás rellenando en la oficina de correos y preguntas a un empleado.

3. No has oído muy bien lo que te ha dicho la directora de la residencia y le pides que te lo repita.

4. Le preguntas a tu compañero de clase qué significa una palabra.

5. Pides ayuda a tu profesor para hacer un ejercicio.

6. No has oído bien lo que ha dicho un compañero y le pides que te lo repita.

---

a. Perdone, no sé si me puede ayudar.

b. Oye, esa palabra, ¿qué significa?

c. Perdone, ¿cómo ha dicho?

d. Perdona, ¿cómo has dicho?

e. Oiga, por favor, esto quiere decir... ¿verdad?

f. Perdona, ¿me puedes ayudar?

---

6. a. ☐G Carmen se va un año a estudiar a otra ciudad y va a alojarse en una residencia. Estas son algunas de las cosas que le han dicho sus amigos. Completa las oraciones con las formas verbales adecuadas.

---

haber (2 veces)   hacer   encontrar   ~~ser~~

poder   organizar   compartir

1. Tal vez los estudiantes de tu misma sección *sean* de diferentes países.

2. Es posible que _____ lavadoras comunes en algún lugar del edificio.

3. A lo mejor _____ la habitación con otra persona.

4. Seguramente en el campus _____ comer de forma económica.

5. Probablemente en el campus _____ actividades para los estudiantes.

6. Puede que _____ algún trabajo de pocas horas, porque creo que hay trabajos solo para estudiantes.

7. Te será fácil _____ amigos en la residencia.

8. Posiblemente en el campus _____ gimnasio, pistas de tenis…

b. ☐G Vuelve a leer las oraciones anteriores y completa el cuadro.

Para expresar posibilidad podemos usar:

■ *Puede/_____ que* + subjuntivo
Ejemplo: Puede que compartas habitación con otra persona.

■ *Quizá(s)/Tal vez/_____ /_____ /_____* + indicativo/subjuntivo
Ejemplo: _____

■ _____ + indicativo
Ejemplo: _____

■ Futuro imperfecto
Ejemplo: Será difícil encontrar piso solo para medio curso.

---

7. a. 📖 Ordena los fragmentos de la carta que el administrador de la comunidad El Trébol ha mandado a sus vecinos.

En Teruel, a 20 de julio de

COMUNIDAD DE VECINOS EL TRÉBOL

Estimados vecinos:

☐ En segundo lugar, se procurará que los perros estén tranquilos desde las 12 p. m. hasta las 7 a. m. Al parecer, hay vecinos que no pueden dormir _____ los ladridos de estos animales a altas horas de la madrugada.

☐ Primeramente, _____ se decidió que no se contrataba a un vigilante para las zonas ajardinadas, rogamos a los dueños de los perros que extremen las precauciones y ejerzan una mayor vigilancia sobre los animales. Estamos seguros de que _____ este control se evitarán incidentes desagradables como el que estuvo a punto de suceder con varios niños el viernes pasado.

☐ Para finalizar, no olviden las normas de higiene que comentamos en la última reunión. Recuerden que las papeleras para la recogida de excrementos de perros se instalaron en las zonas ajardinadas _____ . Por favor, utilícenlas.

☐ Me dirijo a ustedes por las quejas de diferentes vecinos _____ las molestias producidas por varios perros cuyos dueños viven en este edificio.

Agradeciéndoles su comprensión y colaboración, se despide atentamente

Julián Santos Hernández
Administrador de fincas

b. G Vuelve a leer la carta y complétala con las palabras del cuadro. Intenta no repetir ninguna.

por culpa de (que)	debido a (que)	por esta razón	porque
gracias a (que)	ya que	puesto que	como

c. G ¿Están bien estas oraciones? Léelas y corrige los errores.

1. En esta residencia es muy difícil descansar gracias al ruido. _____

2. Me resultó muy fácil acostumbrarme a la vida en la residencia por culpa de mis compañeros que me ayudaron mucho. _____

3. No me fui a trabajar a Alemania, como no conseguí el puesto. _____

d. G Escribe oraciones siguiendo el modelo.

1. No me ha costado nada acostumbrarme a la vida aquí. Mis compañeros me han ayudado mucho.
No me ha costado nada acostumbrarme a la vida aquí gracias a la ayuda de mis compañeros.

2. Han prohibido hacer fiestas. Mucha gente se ha quejado.
_____

3. No he podido irme a estudiar un año al extranjero. No conseguí una beca Erasmus.
_____

4. He llegado varias veces tarde al trabajo. Estos días está habiendo problemas de tráfico.
_____

5. Al final no he solicitado la beca. No aprobé en septiembre las dos asignaturas que me quedaron.
_____

8. a. ⬚ Lee las opiniones de este foro sobre la enseñanza presencial y la enseñanza a distancia. Señala quiénes están a favor de la educación a distancia y quiénes a favor de la presencial y escribe el porqué.

	Está a favor de la educación a distancia.	Está a favor de la educación presencial.	¿Por qué?
Mario			
Lucía	X		Porque puede organizarse el tiempo como ella quiere.
Juan			
Fátima			
Paula			

📄

Mario Enviado 2-junio 12:28	Yo soy estudiante en una universidad de educación a distancia y estoy a favor de este tipo de enseñanza porque supone una gran ayuda a gente que desea estudiar y por razones de trabajo o porque no existe esa carrera en su ciudad, como es mi caso, no puede hacerlo de otra forma.
Lucía Enviado 3-junio 16:05	Yo también estoy a favor de este tipo de enseñanza porque a mí me gusta tener la posibilidad de organizar el tiempo como mejor me convenga. Odio tener que ceñirme a unos horarios de clase. Además, mi trabajo está en la otra punta de la universidad y el tiempo que perdería en ir de un sitio a otro lo puedo dedicar a estudiar.
Juan Enviado 6-junio 20:35	Pues a mí no me gustaría nada hacer un curso o una carrera a distancia. Creo que el ambiente universitario y el contacto con tus compañeros y con los profesores es fundamental. Odio tener que relacionarme con el mundo a través de un ordenador y tener que estudiar solo es muy aburrido, al final, creo que te vas aislando. Además, estoy convencido de que para poder resolver dudas es mucho mejor el cara a cara.
Fátima Enviado 6-junio 20:40	Yo no lo veo como algo que provoque aislamiento, yo tengo otras actividades a través de las cuales me relaciono con gente sin necesidad de un ordenador. Realmente, no creo que exista una persona que solo se relacione con los otros a través de Internet o de una máquina. Yo estoy haciendo un curso en la UOC y me gusta porque he conocido a gente do muchos países hispanoamericanos. Con algunos de ellos *chateo* casi todas las semanas.
Paula Enviado 7-junio 12:35	En mi opinión, este sistema se puede utilizar como complemento a las clases presenciales, pero nunca podrá reemplazar al sistema educativo tradicional. Creo que es muy importante la interacción personal que permita el debate cara a cara y el aprendizaje mutuo, tanto de los estudiantes como del docente.

b. ⬚ C ¿Qué les gusta, odian, no soportan, les aburre… de cada uno de los tipos de enseñanza a los participantes del foro? Escríbelo.

> Lucía no soporta tener que ajustarse a unos horarios.
> A Juan le gusta…

c. 🔲 ¿Cuál es tu opinión? ¿Te gusta más un sistema que otro? Coméntalo con tus compañeros. ¿Quiénes están a favor y quiénes en contra de cada uno de los sistemas?

9. a. ② P Escucha cómo se pronuncian estas series de palabras.
Fíjate que en la serie B, las consonantes *b*, *d* y *g* se pronuncian de forma más relajada.

Serie A	Serie B
bata - balón - botella	abuela - absurdo - árbol
dama - dominó - demostración	edad - adelante - subdelegado
goma - guitarra - guerra	hago - algodón - hoguera

b. ② P Escucha de nuevo las series y practica la pronunciación de estos sonidos.

10. a. ③ P Escucha y repite. Fíjate en la pronunciación de las letras *g* y *j*.

1. jota, traje, rojo

2. conduje, produjeron, trajimos

3. proteger, elegir, oxígeno

4. dirigiera, protegieron, eligieron

b. ④ O Escucha y completa las palabras con las consonantes que faltan.

1. El _ato está _ugando deba_o de la mesa.

2. El subdele_ado eli_ió el me_or re_alo.

3. Tienes que ele_ir bien el tra_e para el cumpleaños de _or_e.

4. Es absurdo que di_as esas cosas.

5. Los a_entes prote_ieron al subinspector.

6. A _uillermo le han re_alado un _u_ete muy divertido.

c. O Completa esta información.

Ortografía de *g* y *j*
■ La letra *g* representa el sonido /g/, como en *gato*, _____, _____ .
■ La letra *g* representa el sonido /g/, como en _____, _____, cuando va seguida de *u* ante las vocales *e*, *i*.
■ La letra *g* representa el sonido /x/, como en *elegir*, _____, _____ .
■ La letra *j* siempre representa el sonido /x/, como en *traje*, _____, _____ .

Ahora ya puedo...

	☺	😐	☹
■ decir lo que está prohibido o está permitido			
■ saludar y presentarme a otras personas en distintas situaciones y presentar a otros			
■ identificar a alguien dentro de un grupo			
■ hablar de mis experiencias sobre el aprendizaje del español			
■ expresar empatía			
■ dar consejos			
■ hablar de gustos e intereses			

Autoevaluación

1.

Lee esta conversación y marca la opción correcta.

Pedro: Mira, allí al fondo está Paco, un compañero de curso.

Laura: Hay mucha gente, ¿quién es Paco?

Pedro: Es (1) .... está leyendo junto a la ventana. Vamos, que te lo (2) ....

Paco: Hola, Pedro, no te había visto. ¿Cómo estás?

Pedro: Estupendamente, ¿y tú?

Paco: Muy bien, de vuelta.

Pedro: Mira, Paco, esta es Laura, mi vecina de habitación.

Paco: ¡Hola!

Laura: Hola, (3) .... Oye, chicos, ¿cuáles son las normas de la residencia?

Pedro: ¡Uy! Hay muchas. Por ejemplo, solo se permite un máximo de dos visitantes por persona y está prohibido que las visitas (4) .... en la residencia. Además, es obligatorio que el residente (5) .... en un libro la entrada y la salida de las visitas. No se (6) .... fumar en la sala de estudio, en la sala de ordenadores ni en el comedor y no está permitido (7) .... comida del comedor.

Paco: Creo que también están totalmente (8) .... las novatadas a otros residentes y no se pueden (9) .... pósteres o carteles ni en las paredes ni en las puertas de las habitaciones.

Laura: Oye, parecen muy estrictos, ¿no?

Pedro: (10) ...., pero yo creo que es necesario.

Laura: Ya, claro. Hombre, a mí lo de las novatadas me parece estupendo, pero lo de los pósteres…

1. a. el que	**b.** quien	**c.** lo que
2. a. introduzco	**b.** saludo	**c.** presento
3. a. encantada	**b.** un placer	**c.** permíteme
4. a. pernoctar	**b.** pernoctan	**c.** pernocten
5. a. registra	**b.** registrar	**c.** registre
6. a. autorizado	**b.** permite	**c.** obliga
7. a. saquen	**b.** sacan	**c.** sacar
8. a. prohibido	**b.** prohibidas	**c.** permitidos
9. a. poner	**b.** pongan	**c.** pongamos
10. a. mejor	**b.** puede	**c.** me encanta

2.

⑤ Escucha un diálogo entre varios estudiantes y marca la opción correcta.

1. Según la grabación, una de las ventajas de aprender una lengua es que:
   a. mejora tu capacidad de trabajo.
   b. ayuda a ascender en un trabajo.
   c. mejora las oportunidades de encontrar un trabajo.

2. Según la grabación, conocer la lengua y la cultura de otro país:
   a. permite enfrentarte a cualquier tipo de situación.
   b. aumenta la comprensión de uno mismo y de su propia cultura.
   c. incrementa el conocimiento de la propia lengua.

3. Según la grabación, en la traducción de un texto:
   a. se pueden perder algunas referencias culturales.
   b. el que traduce suele añadir comentarios.
   c. se usan muchos juegos de palabras.

En esta unidad vas a practicar:

■ Vocabulario relacionado con documentos y los trámites que implican:	1, 2, 3, 4, 6, 13
■ Las oraciones temporales con infinitivo y con subjuntivo:	5, 6, 7
■ Formular una queja:	8, 9
■ El subjuntivo con verbos de influencia:	10
■ Oraciones finales (*para que*, *a que*):	11, 12
■ Oraciones de relativo (*que*, *quien...*):	13
■ El uso de *cualquier*, *cualquiera* y *cualquiera de*:	14
■ La pronunciación de las consonantes *ll* e *y*:	15
■ La pronunciación de las palabras que comienzan por *hie-*:	16

1. a. [V] Lee estas definiciones y escribe la letra al lado del documento correspondiente.

a. Formulario que se cumplimenta para acceder a un curso o centro educativo.

b. Acredita el lugar en el que reside un ciudadano.

1. Pasaporte: ....
2. Libro de familia: ....
3. Certificado de empadronamiento: ....
4. Visado: ....
5. Tarjeta sanitaria: ....
6. Impreso de solicitud de matrícula: ....

f. Identifica individualmente y acredita al titular como asegurado para tener acceso a centros y servicios relacionados con la salud.

c. Lo expide la autoridad consular española (o una embajada española) en el país de origen del ciudadano y en él aparece el lugar de residencia de la persona extranjera.

e. Es un documento válido para identificar a un ciudadano en cualquier país del mundo.

d. En él aparece la certificación del matrimonio y figura el nacimiento de hijos comunes y de los adoptados conjuntamente.

b. [V] Relaciona un elemento de cada columna para formar acciones relacionadas con los trámites burocráticos.

1. hacer
2. adjuntar
3. solicitar
4. rellenar
5. caducar
6. domiciliar

a. el pago del recibo del gas
b. un crédito
c. una solicitud para una beca
d. el pasaporte
e. una fotocopia del DNI
f. una transferencia

2. [V] Imagina que un amigo español va a pasar un año estudiando en tu país. Contesta a su mensaje de correo en tu cuaderno dándole toda la información que puedas.

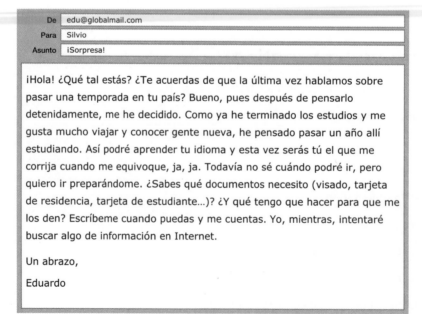

De	edu@globalmail.com
Para	Silvio
Asunto	¡Sorpresa!

¡Hola! ¿Qué tal estás? ¿Te acuerdas de que la última vez hablamos sobre pasar una temporada en tu país? Bueno, pues después de pensarlo detenidamente, me he decidido. Como ya he terminado los estudios y me gusta mucho viajar y conocer gente nueva, he pensado pasar un año allí estudiando. Así podré aprender tu idioma y esta vez serás tú el que me corrija cuando me equivoque, ja, ja. Todavía no sé cuándo podré ir, pero quiero ir preparándome. ¿Sabes qué documentos necesito (visado, tarjeta de residencia, tarjeta de estudiante...)? ¿Y qué tengo que hacer para que me los den? Escríbeme cuando puedas y me cuentas. Yo, mientras, intentaré buscar algo de información en Internet.

Un abrazo,

Eduardo

3. a. V Escribe tres palabras o expresiones que asocias con cada uno de estos lugares.

Banco

Ayuntamiento

Oficina de Correos

Oficina del INEM

----

b. ⑥ V Escucha a cuatro personas y escribe en cuál de esos lugares
se encuentra cada una.

1. --- **3.** ---

2. --- **4.** ---

4. C Completa esta conversación entre un cliente y un empleado de un banco
con las palabras y expresiones del cuadro.

| Me permite | ¿en qué puedo ayudarle? | No hay de qué |
| le interesaría | le importaría | muy amable | Disculpe, pero |

Empleado: Dígame, -----------------------------------

Cliente: Buenos días. Venía a pagar **este** recibo.

Empleado: Muy bien. ¿Lo va a abonar en efectivo?

Cliente: Sí, porque como es muy poca cantidad…

Empleado: De todas formas, ¿no ------------------------- domiciliarlo?

Cliente: Pues sí, la verdad. ¿Qué tengo que hacer?

Empleado: Es muy sencillo. Tiene que facilitarme el número de dos cuentas; la de usted
y la cuenta a la que quiere que se haga el ingreso.

Cliente: ¿Y ------------------------- hacer el trámite ahora?

Empleado: En absoluto. Pero si le parece, este pago lo hacemos en efectivo y luego…

Cliente: ----------------------------- ¿no se puede domiciliar ya el recibo de este mes?

Empleado: Yo se lo decía para evitar retrasos y porque es una cantidad muy pequeña.
Mejor abona usted el recibo de este mes y a continuación hacemos
la domiciliación para que a partir de ahora se cargue a su cuenta.

Cliente: De acuerdo. Y ya puedo olvidarme de venir cada mes a la oficina, ¿no?

Empleado: Efectivamente. Así se evita usted las esperas y ahorra tiempo.
¿------------- su DNI, por favor?

Cliente: Claro, aquí tiene.

Empleado: Vale, pues ya está todo.

Cliente: Muchas gracias, ---------------------- .

Empleado: ---------------------------- . Adiós, buenos días.

5. G Completa el texto de esta página web con la expresión temporal adecuada.

| tan pronto | una vez | después | antes |

www.bancoamigo.com

| Particulares | Empresas | Productos | Conózcanos | Mapa |

Gestión: alta en la banca telefónica y electrónica

1. Descárguese el formulario adjunto.

2. _____ de cumplimentarlo, lea atentamente las instrucciones que aparecen a pie de página.

3. _____ de rellenarlo con sus datos, envíelo a bancoamigo@com indicando en el Asunto, Alta banca telefónica.

4. _____ que sus datos sean procesados, recibirá un mensaje de correo electrónico para confirmar si todo es correcto.

5. _____ como recibamos su confirmación, podrá acercarse a cualquiera de nuestras sucursales. Allí le facilitarán una tarjeta y su clave.

6. a. G Completa estas oraciones con la forma verbal adecuada.

1. En cuanto usted (tener) _____ claro el importe que desea solicitar, llame a este número y pregunte por mí, Alejandro Iglesias. Le atenderé personalmente.

2. Tan pronto como (firmar) _____ el contrato, tendrá derecho a asistencia médica en cualquiera de los centros asociados a nuestra compañía.

3. Yo que tú, antes de (tirar) _____ el resguardo me lo pensaría, porque si hay que hacer alguna reclamación, te lo van a pedir.

4. Nada más (hacer) _____ la reforma de la cocina, tuvimos que pedir a la compañía que cambiara la tarifa, porque pusimos microondas, lavadora y vitrocerámica, y el consumo iba a subir un montón.

5. Después de que nosotros le (enviar) _____ la contraseña, usted podrá cambiarla cuando lo desee.

6. Cuando (llegar) _____ el mensajero con el sobre, le pagas y que te firme este papel.

b. V ¿A qué tipo de documentos se refieren las oraciones anteriores? Escribe al lado de cada uno el número de la oración correspondiente.

El contrato con la compañía eléctrica: _____

Un recibo de compra: _____

Un seguro médico: _____

Una tarjeta de crédito: _____

Un contrato de crédito personal: _____

Una factura: _____

7. a. G Lee estas oraciones y escribe si se refieren al pasado (P) o al futuro (F).

1. Llámame en cuanto (llegar) ...., que así me quedo tranquila. F

2. Después de (cenar) .... en casa, se marchó y ya no volvimos a vernos hasta el día siguiente.

3. Nos pondremos en contacto con usted tan pronto como (recibir, nosotros) .... la tarjeta para que venga a recogerla.

4. Cuando (llamar) .... Carolina, pregúntale si van a venir a comer el domingo a casa.

5. Nada más (llegar) ...., me acosté, porque estaba agotado.

6. Ven cuando (querer) ...., yo estaré en casa.

7. En cuanto (tener) .... un minuto, termina el informe, que lo necesitamos cuanto antes.

8. Antes de que (decir) .... nada, déjame que te dé una explicación.

b. G Ahora, complétalas poniendo los verbos en la forma correcta.

8. a. ⑦ C Escucha este diálogo que tiene lugar en un hospital y contesta a las siguientes preguntas.

1. La mujer reclama:
   a. por los malos resultados de una operación.
   b. porque el cirujano no fue el previsto.
   c. porque se realizó con retraso la intervención.

2. El paciente Salvador Martín Castillo:
   a. durmió en el hospital la noche anterior a la operación.
   b. no desayunó el día de la intervención.
   c. estaba muy tranquilo esa mañana.

3. A las nueve y media, el doctor estaba:
   a. realizando otra operación.
   b. dirigiéndose al hospital.
   c. intentando localizar a su enfermera.

b. C Lee estas quejas. ¿Crees que son propias de un lenguaje oral (O) o de un lenguaje escrito (E)? Anótalo.

1. Por esta razón, solicito que me devuelvan el importe del billete.

2. Esto es increíble. No hay derecho.

3. Si no me hacen caso, me veré obligada a presentar una reclamación.

4. Me parece fatal que no nos informen, señorita.

5. No sé cómo no les da vergüenza.

6. En mi opinión, deberían haber comunicado antes la cancelación del vuelo.

7. Es por ello por lo que me he decidido a presentar esta reclamación.

8. No me parece justo, qué quiere que le diga.

9. a. 📖 🔲V Completa los espacios en blanco de esta hoja de reclamación con las siguientes palabras.

motivo	reclamante	solicita	reclamado
	reclamación	presupuesto	cargo

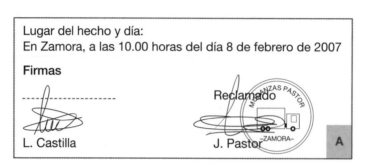

Lugar del hecho y día:
En Zamora, a las 10.00 horas del día 8 de febrero de 2007

Firmas

L. Castilla

Reclamado

J. Pastor

A

Identificación del reclamante:

Nombre y apellidos: Lucía Castilla Rubio
DNI/Pasaporte: 40303678-P
Dirección postal: Las tres cruces, 15, 5.º F,
49002, Zamora
Teléfono/Fax: 980 51 57 18

B

Identificación del ....:

Establecimiento: Mudanzas Pastor
Dirección postal: Polígono Villamayor, 22,
49009, Zamora
Teléfono/Fax: 980 52 61 33
Actividad: realización de mudanzas

C

Objeto de la ....:

No conforme con la realización de una mudanza.

D

Hechos, ... de la reclamación:

E

El pasado 5 de marzo, contraté los servicios de Mudanzas Pastor para realizar una mudanza de Pereruela (Carretera de Alcañices) a Zamora capital (Calle Las tres cruces). Cuando el camión llegó a mi domicilio, contemplé atónita cómo los trabajadores no ponían ningún cuidado en el traslado de mis muebles, ocasionando roces en varios de ellos, tal como pude comprobar enseguida. Cuando les advertí de que tuvieran más cuidado, uno de ellos me respondió de muy malos modos. Además, al introducir el sofá desde los elevadores, rompieron uno de los cristales de la ventana, y los empleados allí presentes no quisieron hacerse .... del asunto.

En su caso, el reclamante ....: que la empresa pague los deterioros ocasionados y devuelva parte de la cantidad cobrada que figura en el ....

b. 📖 Ahora, ordena los fragmentos de la hoja de reclamación que has leído.

Orden: .... , ... , ... , ... , ...

c. 🔲 ¿Crees que el reclamante tiene razón? ¿Y opinas que tiene derecho a solicitar lo que figura en la hoja de reclamaciones? Coméntalo con tus compañeros.

d. 📧 Imagina que tienes contratado un seguro de hogar con la compañía *Pegaso y la Unión*. Se ha roto una persiana en tu casa, has llamado por teléfono para comunicarlo, pero la compañía te ha dicho que el seguro no cubre la reparación porque la persiana se ha estropeado por un mal uso. Escribe una carta de reclamación en tu cuaderno.

10. **a.** [G] Lee estas oraciones y marca cuáles de los verbos subrayados son de influencia.

1. Mis padres <u>quieren</u> que este año **vamos/vayamos** de vacaciones a Francia.

2. Te <u>aconsejo</u> que **intentas/intentes** practicar español fuera de clase siempre que puedas.

3. <u>Creo</u> que **debes/debas** llevar el coche al taller para hacerle una revisión.

4. Te <u>prohíbo</u> **salir/que sales**.

5. <u>Pienso</u> que **estás/estés** equivocado.

6. Me <u>parece</u> que **va/vaya** a presentar una queja.

7. Le <u>he sugerido</u> **poner/que pongo** una denuncia.

8. Me <u>he dado cuenta</u> de que **tienes/tengas** razón.

9. A Marina le <u>han dicho</u> que **se queda/se quede** a hacer horas extra.

10. Mi sobrina me <u>ha pedido</u> que le **regalo/regale** una bicicleta para su cumpleaños.

b. [G] Ahora, rodea con un círculo la opción correcta en cada una de esas oraciones.

11. **a.** [G] Completa los espacios de las siguientes oraciones finales con la forma verbal correspondiente.

1. El carné de conducir de los ciudadanos de la Unión Europea tiene validez en España. En el caso de otros países, el Gobierno español tiene convenios para (convalidar) _____ este permiso.

2. Voy a ir a Correos para que alguien me (explicar) _____ qué tengo que hacer para enviar este paquete a Estados Unidos.

3. Claudia ha salido para (recoger) _____ el certificado de empadronamiento.

4. Dile a Carlos que lo he llamado para que se (poner) _____ en contacto conmigo.

5. Aquí les dejo el coche para que le (revisar) _____ los frenos.

6. La escritura del piso está sobre la mesa para que la (firmar, tú) _____ ; yo ya lo he hecho.

7. Este año voy a matricularme de italiano en la Escuela Oficial de Idiomas y tengo que presentar una fotocopia del Libro de Familia Numerosa para que me (salir) _____ más barato el curso.

8. Hay un cliente esperando para (hablar) _____ con el responsable del departamento.

b. [G] ¿En cuál de las oraciones anteriores se puede sustituir *para* por *a* y *para que* por *a que*?

_____ y _____

12. [G] Imagina que te ha tocado un montón de dinero en la lotería y vas a repartir parte del premio entre tus amigos y familiares. Escribe cinco oraciones siguiendo el modelo.

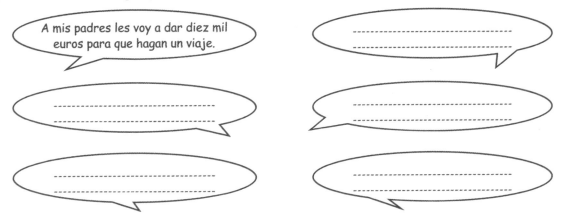

A mis padres les voy a dar diez mil euros para que hagan un viaje.

13. a. [G] Relaciona un elemento de cada columna para formar oraciones completas.

1. Estoy buscando una casa rural...
2. Tengo que buscar un estanco...
3. Los funcionarios son...
4. La oficina está en la misma calle...
5. El alcalde es...
6. El ayuntamiento...
7. La junta de distrito es el lugar...
8. Una instancia es un documento...

a. ... está en la plaza donde quedamos la última vez.
b. ... en la que admitan animales.
c. ... donde tienes que recoger y presentar los impresos.
d. ... en la que vivíamos antes.
e. ... quien preside el ayuntamiento.
f. ... donde vendan sobres acolchados.
g. ... con el que puedes hacer una petición.
h. ... quienes desempeñan empleos públicos.

b. [G] Escribe una definición para estos lugares y documentos utilizando las estructuras anteriores.

Un banco es una entidad ----------------------------

Los ayuntamientos son los lugares ----------------

Las tarjetas de crédito son documentos ----------

El pasaporte es el documento ----------------------

----

14. [G] Completa las siguientes oraciones con *cualquier, cualquiera* o *cualquiera de.*

1. Me pone nervioso leer -------------------- contrato de los bancos, tienen muchas cláusulas.
2. Para mandar esa vajilla no te sirve un embalaje -------------------- . Te aconsejo que la metas en esta caja para mercancía frágil.
3. No se preocupe, -------------------- empleada de esta oficina le atenderá personalmente.
4. Si tienes la tarjeta 4E, claro que puedes sacar dinero en -------------------- los cajeros de la ciudad, pero te recomiendo que lo hagas en uno de Telebank porque en otros te cobran una comisión.
5. Ya sé que los bancos no le dan un crédito a -------------------- persona, pero a ti... Tú no eres un cliente -------------------- .
6. Mi marido dice que la instancia la puedo dirigir a -------------------- las oficinas del departamento. ¿Es así?

15. a. ⑧ P En algunas zonas de España y de América la *ll* se pronuncia igual que la **y**. Sin embargo, en otras zonas se pronuncia de forma distinta. Escucha y fíjate en las dos posibles pronunciaciones.

1. llave
2. lluvia
3. calle
4. medalla

5. llorar
6. pollo
7. llevar
8. batalla

b. ⑨ P Ahora marca en esta tabla cuál de los dos sonidos escuchas en cada caso.

	Se pronuncia como *y*	Se pronuncia de forma distinta
llave		
lluvia		
calle		
medalla		
llorar		
pollo		
llevar		
batalla		

16. a. ⑩ P En la lengua oral, las palabras que comienzan por *hie-* suelen pronunciarse como si empezaran por otro sonido. ¿Sabes cuál? Escucha la grabación, fíjate bien en la pronunciación de estas palabras y completa la regla.

1. hierba
2. hielo
3. hiel
4. hierbabuena
5. hiedra

Pronunciación de las palabras que comienzan por *hie-*
■ En la lengua oral, las palabras que comienzan por *hie-* tienden a pronunciarse como si comenzaran por _____ .
■ De hecho, el Diccionario de la Real Academia Española recoge las dos variantes de algunas de estas palabras:
hierba/_____, hierbabuena/_____, hiedra/_____

b. P Practica la pronunciación de las palabras de la lista anterior con los dos sonidos.

c. ○ P En parejas, por turnos, cada uno lee en voz alta una de las palabras de 16. a. El compañero debe decir cuál de los dos sonidos ha empleado.

Ahora ya puedo...

	☺	😐	☹
■ reconocer diferentes documentos de uso común y saber para qué sirven			
■ realizar gestiones habituales			
■ pedir algo, un servicio o una información en un establecimiento público			
■ expresar quejas de forma oral y escrita, con distinto grado de formalidad			
■ rellenar una hoja de reclamaciones			
■ escribir una carta de reclamación			

Autoevaluación

1.

Lee estos diálogos y marca la opción correcta.

1. ◆ Hola, buenos días. ---------------------------------
   ◆ Hola. Quería pedir un certificado de empadronamiento.

   a. ¿Puede ayudarme?

   b. ¿Qué puedo hacer por usted?

   c. ¿Sería tan amable de volver otro día?

2. ◆ Oye, muchísimas gracias por ayudarme a hacer la declaración de la renta.
   ◆ --

   a. No hay de qué.

   b. Me parece bien.

   c. Se lo agradezco mucho.

3. ◆ Hola, buenas tardes. -------------------------------
   ◆ No, claro que no. Espere un momento aquí que voy a buscarlo.

   a. Le importa avisar al director.

   b. Avisa al director.

   c. ¿Le importaría avisar al director?

2.

Lee este mensaje de correo electrónico y marca la opción correcta.

De	Silvio
Para	Jenny
Asunto	¡De vuelta!

Hola, Jenny:

¿Qué tal tus vacaciones? Yo ya estoy de vuelta en casa. Es una pena que el verano no (1) --------- todo el año, ¿verdad? Por cierto, ¿han encontrado ya tu maleta los de la compañía aérea? Recuerda que puedes pedir que te (2) --------- una indemnización en caso de extravío. Ya me contarás.

¿Sabes? A estas alturas todavía no he decidido dónde voy a estudiar. Tengo muchas dudas, así que creo que voy a hablar con mis profesores y al final elegiré alguna de las universidades que me (3) --------- . La verdad, no me importa marcharme fuera, (4) --------- ciudad me vale.

Antes de que se me (5) ---------, me tienes que mandar una fotocopia de tu pasaporte para que te matricule en el próximo curso, que el plazo termina dentro de un mes. Es que en secretaría exigen presentarla (6) --------- formalizar la matrícula.

Escríbeme y me cuentas qué tal te ha ido. Espero que nos (7) --------- pronto por aquí.

Un abrazo,
Silvio

1. **a.** dura   **b.** dure   **c.** duraba
2. **a.** pagan   **b.** paguen   **c.** pagues
3. **a.** recomienden   **b.** recomiendan   **c.** recomiendo
4. **a.** cualquiera   **b.** adonde   **c.** cualquier
5. **a.** olvidó   **b.** olvide   **c.** olvidará
6. **a.** para   **b.** a   **c.** para que
7. **a.** ver   **b.** veamos   **c.** veremos

En esta unidad vas a practicar:

1. V Clasifica estas palabras relacionadas con el cine en el apartado que les corresponde.

argumento	extra	decorado	efectos especiales
vestuario	guión	productor	interpretación
secundario	guionista	protagonista	banda sonora

Historia	Escenografía	Personas

2. Cs Lee este texto sobre los premios Goya y marca si estas afirmaciones son verdaderas (V) o falsas (F).

	V	F
1. Los premios Goya se entregan todos los años.	☐	☐
2. Los premios Goya son otorgados por el Ministerio de Cultura.	☐	☐
3. Los ganadores reciben una cantidad de dinero.	☐	☐
4. Se entrega también un premio honorífico.	☐	☐
5. La ceremonia se celebra siempre en Barcelona.	☐	☐

Inmanol Uribe con el Goya que recibió como mejor director por *Días contados*.

Los Premios Goya

Son unos galardones otorgados de forma anual por la Academia de las Artes y las Ciencias Cinematográficas de España con la finalidad de premiar a los mejores profesionales en cada una de las distintas especialidades del sector. El galardón consiste en un busto del pintor Francisco de Goya realizado en bronce.

La primera edición tuvo lugar el 16 de marzo de 1987 y en aquella edición se entregaron quince estatuillas. En la actualidad la cifra es muy superior, siendo 27 las categorías premiadas, sin contar el Goya de Honor. Además de la concesión de los Goya, la Academia también se encarga, entre otras cosas, de la selección de la película española nominada para los Oscar.

En el año 2000, la ceremonia de entrega de premios se realizó, por primera y hasta la fecha única vez, fuera de Madrid. En aquella ocasión tuvo lugar en Barcelona.

3. a. [V] Clasifica cada una de estas películas según su género.
Escribe el título en el apartado correspondiente.

GÉNERO	TÍTULO
Ciencia ficción	
Histórica	
De miedo	
Musical	
De amor	
Comedia	
De aventuras	
De acción	

b. Haz una lista con tus tres películas favoritas y anota el género, el director, los protagonistas… Coméntalo con tus compañeros y entre todos haced una lista de las películas preferidas del grupo. ¿Son películas actuales o antiguas? ¿De qué genero son?

4. 11 [C] Escucha las opiniones de varias personas que salen de ver una película. Marca en la tabla cuál es la valoración de cada una. Fíjate en la entonación.

	BUENA	REGULAR	MALA
Ana			
Alfredo			
Raquel			
Quique			
Rosa			
Javier			

5. a. C Completa estos diálogos con las oraciones y expresiones del cuadro. Pon mayúsculas donde sea necesario.

> cómo se llamaba   es un drama duro, duro   trata de   ¿y de qué va?
>
> no me suena   es superbuena   yo lo tengo en la punta de la lengua

---

◆ ¿Qué has hecho este fin de semana?

◆ Pues el sábado estuve en el cine.

◆ ¿Y qué viste?

◆ *La vida secreta de las palabras*.

◆ -- .

¿Es española o extranjera?

◆ La directora es española, pero el protagonista es estadounidense.

◆ -- .

◆ -- un hombre que trabaja en una plataforma petrolífera…

◆ Ah, ya sé. Es una película de Icíar Bollaín.

◆ No, la directora es Isabel Coixet.

◆ Ah, entonces me estoy confundiendo de película. ¿Y qué tal está?

◆ Muy bien. --, pero está muy bien.

◆ ¿Sabéis cómo se llama el director de *El laberinto del fauno*?

◆ *¿El laberinto del fauno*? Ni idea. ¿Por qué?

◆ Es que estoy escribiendo un correo a un amigo para que vaya a verla y no me acuerdo del nombre del director.

◆ Ay, --, pero si es muy conocido.

◆ Sí, si --, pero no consigo acordarme.

◆ ¿Qué películas ha hecho?

◆ *Mimic, El espinazo del diablo*…

◆ Ah, ya sé quién es. Guillermo del Toro.

◆ Eso. Guillermo del Toro.

◆ ¿Y qué tal la película? ¿Te gustó?

◆ Sí, ---------------------------- .

---

b. 12 Escucha los diálogos y comprueba.

6. a. 13 Lee esta crítica sobre la película *El camino de los ingleses*. Después, escucha el comentario que hace una persona que acaba de verla y marca la opción correcta.

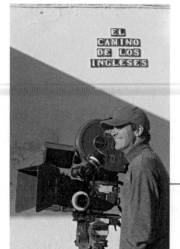

1. ¿Su opinión es distinta a la de la crítica?

☐ Sí.

☐ No.

2. ¿Qué es lo que menos le ha gustado?

☐ Que a veces se perdía y le costaba entender la historia.

☐ Que la mayoría de los actores eran desconocidos.

El camino de los ingleses

Antonio Banderas se enfrenta con *El camino de los ingleses* a su segundo trabajo tras la cámara. Aunque sus dos únicas películas comparten elementos, la que nos ocupa es definitivamente la más personal. *El camino de los ingleses* es una adaptación de la novela del mismo título de Antonio Soler sobre el verano que pasan juntos un grupo de jóvenes en los años 70 en Málaga. Su evidente carácter literario hace que la película transcurra por las vías de la metáfora obligando al espectador a hacer un gran esfuerzo de interpretación.

Banderas combina a la perfección los momentos dramáticos con los humorísticos sin caer en la lágrima fácil. Este equilibrio se consigue gracias a las interpretaciones de un grupo de actores y actrices jóvenes, desconocidos y en estado de gracia. Ellos son el alma de la película, aunque bien es verdad que están respaldados por grandes veteranos como Victoria Abril o Juan Diego.

b. 📖 C Lee estas frases extraídas de la grabación anterior y busca en el texto las oraciones correspondientes. Fíjate que se dice lo mismo, pero de distinta manera.

TEXTO ORAL	TEXTO ESCRITO
1. Es la segunda película de Antonio Banderas como director. →	Antonio Banderas se enfrenta con *El camino de los ingleses* a su segundo trabajo tras la cámara.
2. Aunque está basada en una novela, se nota que ha intentado ofrecer su propia visión de la historia. →	
3. El problema es que a veces te cuesta seguirla y no es fácil de entender. →	
4. Aunque es una película un poco triste, (…) hay ratos en los que te ríes muchísimo. →	
5. Nunca llega a ser cursi ni sentimental. →	

7. 📖 C Lee la siguiente crítica sobre la película *La educación de las hadas* y completa esta conversación.

En *La educación de las hadas*, José Luis Cuerda realiza una excelente adaptación del relato fantástico de Didier Van Cauwelaert.

La historia consigue atrapar y darnos en cada momento la pizca exacta de sentimiento adecuado. La interpretación es acorde con el conjunto elevando de este modo la calidad del film. Irene Jacob y Ricardo Darín realizan una gran labor junto con la cantante Bebe, la gran incógnita, que consigue salir airosa de su primer papel en una gran producción.

La educación de las hadas es una película redonda. Cuenta con una historia excelente, una magistral dirección y, unos actores que saben hacer su trabajo y además con nota. ¡No te la pierdas!

Mario: Había pensado que ------------------------- el viernes.

Pilar: ¿No preferirías que ------------------------- el sábado?

Mario: Vale.

Pilar: ¿Y qué peli te apetece ver?

Mario: --- .

Pilar: ¿Qué tipo de película es?

Mario: --- .

Pilar: No sé, es que a mí las películas fantásticas no me gustan mucho.

Mario: Pues he leído una crítica y dice que --- .

Pilar: Ya, pero ¿no prefieres ver otra?

Mario: Es que esta me apetece mucho.

Pilar: Vale, venga, me da igual.

Mario: ¿ ------------------------- igual?

Pilar: Sí, de verdad. ¿Y quiénes son los actores?

Mario: --- .

Pilar: ¿Cómo que Bebe? Bebe no es actriz, es cantante.

Mario: Ya, ya. Pero en esta película actúa, además la crítica que he leído dice que --- .

Pilar: Bueno, de acuerdo.

8. a. (14) Escucha un debate radiofónico sobre los festivales de cine
y marca si estas afirmaciones son verdaderas (V) o falsas (F).

	V	F
1. Algunos de los tertulianos creen que los festivales son la mejor oportunidad que tienen los nuevos directores para darse a conocer.	☐	☐
2. Todos los tertulianos creen que la mayoría de los festivales de cine tienen un fin económico.	☐	☐
3. Según uno de los tertulianos, en los festivales se da mucha importancia a los actores y las películas están en un segundo plano.	☐	☐
4. Uno de los tertulianos opina que los actores no deberían participar en el jurado de un festival.	☐	☐
5. Dos de los tertulianos coinciden en que lo importante de un festival es la posibilidad de ver películas que por su escasa difusión no son fáciles de ver en las salas.	☐	☐

b. (14) [C] Vuelve a escuchar el debate y señala cuáles de estos recursos
utilizan los participantes para expresar su opinión.

- Indudablemente…
- Es cierto, pero…
- Por supuesto.
- Depende.
- Yo no estoy de acuerdo con lo que dices.

- Tienes toda la razón.
- Yo no lo veo así.
- De ninguna manera.
- Ni hablar.

- Yo no lo veo tan claro.
- Estoy totalmente de acuerdo.
- Estoy de acuerdo en eso.
- Estoy de acuerdo con lo de que…
- Para mí, lo más importante es…

c. (14) Vuelve a escuchar el debate anterior y toma nota de las opiniones con las que estás

Opiniones con las que estoy de acuerdo	Opiniones con las que no estoy de acuerdo

d. Escribe un texto en tu cuaderno en el que muestres tu opinión
y justifícala. Puedes utilizar los recursos que aparecen en 8. b.

e. Comenta tu opinión con la de tus compañeros.
¿Cuál es la opinión mayoritaria de la clase?

9. a. G ¿Cuáles de estos verbos son irregulares en el pretérito imperfecto de subjuntivo? Márcalos. Puede ayudarte pensar si son irregulares en el pretérito indefinido.

decir	hacer	vivir	poder	poner	ir
querer	tener	saber	caber	dar	tocar
celebrar	andar	traer	trabajar	hablar	venir

b. G Completa estas oraciones poniendo los verbos del cuadro en pretérito imperfecto de subjuntivo.

1. Me encantaría que .... conmigo al cine. ¿Te apetece?

2. Quisiera que esta semana .... más horas.
   Es que hay mucho trabajo en tu departamento.

3. ¡Ojalá .... en un piso céntrico!

4. Me sorprendió mucho que .... tanta gente en la sala.

5. Me gustaría que .... la última película de Antonio Banderas.
   Os va a encantar.

6. Yo preferiría que .... mi cumpleaños el sábado. ¿Os importa?

7. Me llamó mucho la atención que no le .... el premio.
   Su corto era muy bueno.

trabajar
venir
celebrar
haber
dar
ver
vivir

10. a. 15 C Escucha y relaciona cada grabación con el deseo correspondiente.

¡Ojalá no viviera tan lejos!

¡Ojalá tuviera una casa más grande!

¡Ojalá fuera mayor de edad!

¡Ojalá tuviera dinero!

¡Ojalá me seleccionaran!

b. C Observa estos dibujos y escribe el deseo que crees que pediría cada uno de los protagonistas.

c. Piensa en cada uno de tus compañeros de clase y, por lo que sabes de ellos, escribe un deseo que pudiera tener cada uno. Dáselos a tu profesor para que los lea en voz alta y entre todos adivinéis a quién pertenecen.

11. a. 📖 Lee la siguiente presentación sobre el cine mexicano en los últimos años y ordénala.

Nº

5 | Actualmente, la industria del cine sufre el fenómeno de la emigración de talentos y la baja producción, por lo que México ha recurrido a la coproducción, aun a riesgo de hacer películas más comerciales.

☐ | Finalmente, me gustaría decir que a pesar de la situación que acabo de exponer, en este periodo se han realizado películas memorables, como *Solo con tu pareja*, de Alfonso Cuarón; *Cronos*, de Guillermo del Toro; *Principio y fin*, de Arturo Ripstein; y *Amores perros*, de Alejandro González Iñárritu, entre otras.

☐ | Para empezar, me gustaría comentar que la gran ausencia del cine mexicano en la 25 edición del Festival de Cine de La Habana ha hecho que mucha gente se pregunte qué le sucede a la industria cinematográfica de México.

☐ | Nuevamente, muchas gracias por su presencia y atención.

7 | Esta tecnología es una de las grandes salidas para los países con escasos recursos económicos, pues el principal problema de esta industria es su elevado costo.

☐ | Por eso, creo que revisar los últimos años de su historia es fundamental para entender que está pasando en ese país. Por un lado, la década de los 90 fue una etapa importante ya que durante el gobierno de Carlos Salinas este país integró el Tratado de Libre Comercio de América del Norte, lo que representó un giro importante en la economía y, por supuesto, en la sociedad azteca.

☐ | Señoras y señores, antes de nada quisiera agradecer su presencia en esta sala.

☐ | Por otro, en el año 1992 se dictó una nueva ley de cine, a partir de la cual hay una gran discusión entorno al estatus de la identidad cultural mexicana. La polémica ha enfrentado a todas las instituciones culturales vinculadas con el cine.

☐ | Otro de los caminos que ha emprendido el séptimo arte es el cine independiente, prueba de ello fueron las películas concursantes en el 25 Festival de La Habana, ambas realizadas con el empleo de la técnica digital.

☐ | Sin embargo, muchos directores creen que la industria cinematográfica mexicana está a punto de dar un cambio muy importante y que dentro de dos o tres años se volverá a hablar mucho del cine mexicano.

b. 🔉 Vuelve a leer la presentación anterior y anota todas las palabras o expresiones que te han ayudado a ordenarla.

----

c. 🔉 Estos son otros recursos que puedes usar para ordenar la información. Escríbelos en el lugar correspondiente. Puedes añadir los recursos que has anotado en 11. b.

Me gustaría empezar recordando...   Por último, solo me queda decir...   Quisiera decir algo...

Lo primero es... También   Gracias por su atención.   Primeramente...
hay que señalar... y para terminar...   En segundo lugar...

Iniciar un discurso	Enumerar	Concluir un discurso

12. a. (16) P Escucha estas palabras y escribe *l* o *r*.

1. _ado	**5.** co_a	**9.** bu_la	**13.** pi_a_	**17.** a_to
2. ce_o	**6.** llama_	**10.** po_o	**14.** p_ieto	**18.** ce_o
3. is_a	**7.** ti_a	**11.** so_	**15.** colo_	**19.** co_o
4. ti_a	**8.** sali_	**12.** co_to	**16.** co_mo	**20.** _isa

b. (16) P Vuelve a escuchar las palabras anteriores y repite.

13. (17) P Escucha y repite estas palabras.

1. exportación	**4.** extraño	**7.** oxígeno	**10.** extenso
2. taxi	**5.** exuberante	**8.** xenófobo	**11.** dúplex
3. xilografía	**6.** explicar	**9.** exacto	**12.** examinar

Pronunciación de la *x*

Uno de los problemas de la letra *x* es que representa sonidos diferentes.

■ En posición intervocálica o en final de palabra se pronuncia *ks* o *gs*: examen, relax.

■ En posición inicial se pronuncia *s*: xilófono.

■ En posición final de sílaba puede ser, en distintas regiones y según las consonantes que sigan, *s* o *ks*: externo, exportar.

14. O Completa las siguientes palabras con *s* o *x*.

1. e_presivo	**5.** e_hibición	**9.** e_labón	**13.** e_ceso
2. e_coger	**6.** e_plicar	**10.** e_plosión	**14.** e_pontáneo
3. e_culpar	**7.** e_igente	**11.** e_traoficial	**15.** e_pansión
4. e_ilio	**8.** e_traescolar	**12.** e_pléndido	**16.** o_patriar

Ortografía de la *x*

Se escriben con *x*:

■ Las palabras que empiezan por *ex-* seguido de *-pr-* y *-pl-*: expresar, explicación. Excepciones: esplendor, espléndido.

■ Las palabras que empiezan por *xeno-*, *xero-* y *xilo-*: xenofobia, xerografía, xilografía.

■ Las palabras que empiezan por los prefijos *ex-* y *extra-*: exponer, extraplano.

Ahora ya puedo...

■ hablar sobre cine			
■ expresar acuerdo o desacuerdo			
■ expresar deseos			
■ proponer un plan			
■ hacer una presentación oral			

Autoevaluación

Elige la opción que tiene un significado parecido a la palabra o expresión marcada en negrita.

1. ◆ Oye, ¿cómo se llamaba la directora de *Te doy mis ojos*?
   ◆ Ay, **lo tengo en la punta de la lengua**.

   a. lo sé, pero ahora no me acuerdo
   b. no tengo ni idea
   c. se me ha olvidado

2. ◆ ¿Qué director recibió **el galardón**?
   ◆ Creo que Inmanol Uribe por *Días contados*.

   a. la recompensa
   b. el premio
   c. el aplauso del público

3. ◆ Este fin de semana he visto *No sos vos, soy yo*.
   ◆ ¿Y de qué **va**?

   a. trata
   b. es
   c. director es

4. ◆ Ayer estuve viendo *Asesino en serio*.
   ◆ No **me suena**. ¿De quién es?

   a. me gusta
   b. la he visto
   c. la conozco

2.

Lee este texto y marca la opción correcta.

Películas con mensaje

Hoy arranca FICS Madrid, una semana dedicada al séptimo arte llena de películas internacionales con la solidaridad como gran telón de fondo.

Este festival parte de la consideración de que el cine es uno de los mejores vehículos para transmitir mensajes de solidaridad. El certamen, que se inaugura hoy, ha programado una semana en la que se podrán ver un total de 13 producciones de diversa procedencia (México, Dinamarca, España, Reino Unido, Japón e Indonesia). Todas ellas optan a los Premios Gato de su sección oficial.

El plato fuerte del día de la inauguración es la proyección de *Atrapa el fuego*, la última producción de Tim Robbins.

No solo de cine se nutre el festival, también se han organizado exposiciones con instantáneas de Andrés Padrón y de Alejandro Echegoyen que ha reunido en una exposición a grandes actores que han pasado por Madrid.

1. Según el texto, el tema principal del festival es la solidaridad.
   a. Verdadero.
   b. Falso.

2. Según el texto, en este festival se podrán ver trece películas y varias exposiciones de fotografía.
   a. Verdadero.
   b. Falso.

3. En el texto se dice que el acto más importante de la inauguración es la presencia de Tim Robbins.
   a. Verdadero.
   b. Falso.

Percances 4

En esta unidad vas a practicar:

■ Hacer hipótesis sobre hechos presentes y pasados:	1, 2
■ Vocabulario relacionado con robos e infracciones:	1, 3, 4
■ Los verbos *acordarse* y *recordar*:	5
■ Vocabulario relacionado con el coche y la conducción:	6, 7, 8, 9
■ Dar tu opinión y expresar acuerdo y desacuerdo:	8, 9
■ Expresar consecuencias:	10
■ La acentuación de palabras:	11
■ La acentuación de palabras procedentes de otras lenguas:	12

1. a. C Mira esta ilustración. ¿Qué crees que ha pasado? Escríbelo.

----

b. G Estos son algunos de los hechos según el informe de la Policía. ¿Por qué crees que han ocurrido? Piensa en las causas que te parezcan más lógicas y escribe tus hipótesis.

1. La puerta no tenía la cerradura forzada.

Entrarían por una ventana o por --

2. Cuando entraron los ladrones, no había nadie en casa.

----

3. Los ladrones no abrieron la caja fuerte que estaba detrás del sofá.

----

4. Los ladrones no se llevaron la televisión ni los otros aparatos que había en el salón.

----

5. La estantería estaba desordenada y los cajones del mueble, abiertos.

----

6. Había algunas joyas tiradas en el suelo.

----

c. 10 G Escucha una conversación entre dos policías que han ido a investigar el robo y el dueño de la casa, y anota sus hipótesis. ¿Coinciden con las que habías escrito en 1. b?

1. La puerta no tenía la cerradura forzada.

----

2. Cuando entraron los ladrones, no había nadie en casa.

Habrán estado vigilando la casa durante varios días.

3. Los ladrones no abrieron la caja fuerte que estaba detrás del sofá.

----

4. Los ladrones no se llevaron la televisión ni los otros aparatos que había en el salón.

----

5. La estantería estaba desordenada y los cajones del mueble, abiertos.

----

6. Había algunas joyas tiradas en el suelo.

----

2. a. [G] Completa estos diálogos con las formas verbales del cuadro.

> | ha llovido | serían | vendrá | eran | llamará |
> |---|---|---|---|---|
> | llama | habían enfadado | habrá llovido | habrían enfadado | viene |

SEGURO (LO SÉ)	NO SEGURO (LO SUPONGO)
1. ◆ El suelo está mojado. ◆ Claro; esta mañana _____ muchísimo. ¿No te has enterado?	**2.** ◆ El suelo está mojado... ¡Qué raro! ◆ Sí... Pues no sé. _____ esta mañana.
3. ◆ ¿A qué hora llegasteis a Roma? ◆ Cuando el avión aterrizaba, miré el reloj y _____ las diez en punto.	**4.** ◆ ¿A qué hora llegasteis a Roma? ◆ Pues no lo sé, porque el avión tenía retraso. _____ las diez.
5. ◆ Me parece que te suena el móvil. ◆ Sí. Es Raquel, que siempre me _____ a estas horas.	**6.** ◆ Me parece que te suena el móvil. ◆ ¿A estas horas? ¿Quién me _____?
7. ◆ Pues ayer Lorenzo y Lucía ni siquiera se miraron. ◆ Claro, porque el día anterior se _____ muchísimo.	**8.** ◆ Pues ayer Lorenzo y Lucía ni siquiera se miraron. ◆ Qué raro... Supongo que se _____ el día anterior.
9. ◆ ¿Sabes algo de Juan? ◆ Sí. He hablado con él y dice que _____ mañana.	**10.** ◆ ¿Sabes algo de Juan? ◆ No. Imagino que _____ mañana.

b. [C] Escribe las preguntas que te harías en estas situaciones.

1. Vas por la calle y, de repente, toda la gente empieza a correr en la misma dirección.

¿Habrán visto a alguien famoso?

2. Entras en tu casa y te das cuenta de que todos los muebles están cambiados de sitio.

_____

3. El cartero te entrega un enorme paquete que no esperas y que no tiene remite.

_____

4. Enciendes el ordenador y te das cuenta de que uno de tus archivos ha desaparecido.

_____

5. Vas por la calle y todo el mundo se te queda mirando.

_____

3. [V] Completa estos titulares con las palabras del cuadro.

> «Cada vez se _____ más _____ en nuestra ciudad», afirma el jefe de la Policía local

> La Policía detiene a dos _____ acusados del atraco a la joyería de Elche

> | cometen |
> |---|
> | declaración |
> | sospechosos |
> | delitos |
> | testigos |
> | detenidos |
> | atraco |

> Los _____ acuden mañana a declarar ante el juez bajo protección policial

> Los _____ prestarán _____ hoy ante el juez. Están acusados de _____ a mano armada

4. a. 📖 Aquí tienes los fragmentos de una curiosa noticia. Ordénalos.

A Pero antes de salir, cansado por el esfuerzo, según declaró a la Policía, no había resistido la tentación de «echar una cabezadita» en la cómoda camilla.

B Los agentes, avisados por unos vecinos que habían oído ruidos sospechosos, lo encontraron tendido sobre una camilla del centro sanitario, profundamente dormido.

C Por ello, cuando llegó la Policía, el ladrón se encontraba «descansando», y los agentes tuvieron tiempo de hacer una inspección del lugar antes de que se despertara. Junto a él, en el suelo, había una bolsa con dos sierras radiales, varios destornilladores y una pequeña caja fuerte cerrada.

E Ya en comisaría, se pudo comprobar que J. C. H. había sido detenido tres años atrás en una situación similar: había entrado a robar en una tienda de muebles y se había quedado dormido en un cómodo sofá. El detenido ha pasado hoy a disposición judicial.

D Agentes del Grupo de Atención al Ciudadano detuvieron el pasado viernes, sobre las 11 p. m., a J. C. H., de 34 años, acusado de un robo con fuerza en la clínica Castilla.

F Presumiblemente, al no haber podido forzar la caja del despacho del director de la clínica, el ladrón había decidido llevársela cerrada.

b. 📖 Vuelve a leer la noticia y marca si estas afirmaciones son verdaderas o falsas.

	V	F
1. El ladrón fue detenido el viernes por la noche.	☐	☐
2. Unos vecinos vieron al ladrón entrando en la clínica.	☐	☐
3. Cuando la Policía llegó al lugar de los hechos, el ladrón estaba dormido.	☐	☐
4. El ladrón abrió la caja fuerte y se llevó el dinero.	☐	☐
5. El ladrón ya había sido detenido en circunstancias similares.	☐	☐

c. 📖 Ponle un titular a la noticia anterior. Luego, compáralo con los de tus compañeros. ¿Se parecen?

----

5. 🅥 Completa estas oraciones poniendo los verbos *acordarse* o *recordar* en el tiempo y modo correctos.

1. ¿----------------------- de dónde nos conocimos?

2. No ----------------------- de dónde he puesto el paraguas, no lo encuentro.

3. ----------------------- perfectamente que te dejé ese libro el año pasado.

4. ¿No me -----------------------? Soy Jaime, el cuñado de Eva.

5. Nunca ----------------------- de las fechas, eres un desastre.

6. Soy muy buena recordando las caras, pero no consigo ----------------------- los nombres.

7. Me tienes que ----------------------- que tengo cita en el médico a las once.

8. Alfonso, ----------------------- de ir a buscar a la niña al colegio y de llevarla a clase de inglés.

6. a. [V] ¿Recuerdas estas palabras relacionadas con el coche? Rodea con un círculo las que están en el exterior.

freno de mano   intermitente   embrague   maletero

volante   rueda   freno   acelerador   faro   limpiaparabrisas

b. [V] Ahora escribe a qué parte del coche se refieren estas oraciones.

1. Hay que pisarlo para cambiar de marcha. _____

2. Al aparcar, debes ponerlo para asegurarte de que el coche no se mueva. _____

3. Lo pisas cuando quieres parar o reducir la velocidad. _____

4. Sin él no podrías tomar las curvas. _____

5. No podrías circular sin ellos cuando llueve mucho. _____

6. Sirve para indicar hacia qué dirección giras. _____

7. Es el lugar donde ponemos el equipaje. _____

8. Lo pisas para aumentar la velocidad. _____

7. [V] Marca la opción correcta.

1. Si vas por una carretera a más velocidad de la permitida, la Policía te puede _____ una multa por exceso de velocidad.

    a. dar   **b.** poner   **c.** hacer

2. Si tienes un pequeño accidente de tráfico, lo mejor es rellenar un _____ amistoso para las compañías de seguros.

    a. documento   **b.** informe   **c.** parte

3. Si aparcas mal el coche, corres el riesgo de que se lo lleve _____ .

    a. la grúa   **b.** el remolque   **c.** el carro

4. En España el _____ de velocidad en las autopistas es de 120 km/h.

    a. exceso   **b.** límite   **c.** paso

5. La modalidad de seguro de automóviles en la que la compañía corre con todos los gastos se llama a todo _____ .

    a. coste   **b.** riesgo   **c.** gasto

8. a. (19) El ayuntamiento ha cerrado al tráfico la zona centro de la ciudad para fomentar el uso del transporte público. Escucha las opiniones de algunos ciudadanos y escribe el número de la grabación en el lugar correspondiente.

A FAVOR	EN CONTRA	CON DUDAS
2, _____	_____	_____

b. [G] Para mejorar el tráfico de tu ciudad, el ayuntamiento ha pedido a los ciudadanos que colaboren con sus opiniones. Completa estas oraciones.

1. Yo creo que muchos coches _____

2. No creo que los conductores _____

3. A mí me parece que el transporte público _____

4. Para ir a trabajar no creo que _____

9. a.  ¿Sabes en qué consiste el carné por puntos? Lee este texto y marca la opción correcta.

1. El proyecto de ley para introducir el sistema del carné por puntos en Santa Fe:

   a. ha sido aprobado por la Cámara de Diputados.

   b. está en fase de prueba.

   c. cuenta con el apoyo de varios diputados.

2. El proyecto del sistema presentado por Bonfatti:

   a. supone la retirada definitiva del carné para los conductores que hayan perdido todos los puntos.

   b. otorga una misma cantidad de puntos a todos los conductores.

   c. no suprime las sanciones económicas, sino que es una medida añadida.

3. En el sistema de puntos vigente en España:

   a. la cantidad de puntos que se resta depende de la gravedad de las infracciones cometidas.

   b. no se contempla la posibilidad de recuperar los puntos perdidos mediante cursos de educación vial.

   c. se otorga la misma cantidad de puntos a todos los conductores.

Carné por puntos en Santa Fe

El diputado Bonfatti presentó un proyecto ante la cámara de diputados para introducir el sistema del carné por puntos en la provincia de Santa Fe.

Este sistema, que consiste en ir restando créditos a los conductores que cometan infracciones de tráfico, funciona en muchos países europeos, como el Reino Unido, Francia, Alemania, España o Italia. En Argentina, el diputado Antonio Bonfatti ha presentado un proyecto de ley para introducir este sistema en la provincia de Santa Fe, con el respaldo de representantes de todos los bloques de la Cámara de Diputados.

Según declaró Bonfatti, «Este modelo pretende instalar una herramienta eficiente que articule educación, sensibilización y toma de conciencia en todos aquellos casos en los que se cometan faltas (desde las leves a las muy graves) relacionadas con el incumplimiento de las normas del tránsito vehicular. Para quien haya agotado su capital de puntos, la realización de cursos de reeducación vial le otorgaría un beneficio de recuperación parcial de los puntos y, al mismo tiempo, generaría una mayor concienciación».

El sistema propuesto por el diputado argentino se basa en lo siguiente: a cada conductor, dependiendo de su edad y años de experiencia, se le otorgará una cantidad de puntos. Por ejemplo, a los conductores de 18 a 21 años se les otorgaría un plazo de vigencia de la licencia de conducir de 1 año, y se les darían 3 puntos por año. A los conductores de 24 a 51 años se les darían 5 años de validez y 5 puntos por año.

En otros países, como, por ejemplo, España, todos los conductores parten de la misma cantidad de puntos, a excepción de los noveles, que tienen un saldo de 8 puntos en lugar de 12. Lo que sí es común en todos los sistemas es que esto no excluye la correspondiente sanción económica, que la cantidad de puntos que se pierde depende de la gravedad de la infracción cometida –que en algunos casos puede llegar hasta la retirada del carné– y que, para recuperar los puntos perdidos, el conductor puede tener que realizar un curso de educación vial.

b. 📖 E Estas palabras están en el texto que has leído. ¿Conoces su significado? Localízalas en el texto y busca su equivalente en la columna de la derecha. No utilices el diccionario, intenta deducir el significado por el contexto.

1. restar
2. respaldo
3. eficiente
4. leve
5. agotar
6. estar vigente
7. parcial
8. otorgar
9. sanción

a. acabar, terminar
b. pena, castigo
c. quitar, reducir
d. que no es completo
e. dar, conceder
f. que funciona, que es válido
g. que no es muy importante
h. ayuda, defensa, apoyo
i. ser actual, válido, estar en uso

c. V Estas son algunas infracciones de tráfico. ¿Cuáles te parecen más graves? Asigna a cada grupo la pérdida de puntos que crees que le corresponde (6, 4, 3 o 2 puntos).

– saltarse un semáforo en rojo o un *stop*

– circular marcha atrás en una autopista o una autovía

------------ puntos

– conducir hablando por el teléfono móvil

– no llevar puesto el cinturón de seguridad o el casco

------------ puntos

– usar un detector de radares

– no llevar el alumbrado cuando es obligatorio

------------ puntos

– conducir con una tasa de alcoholemia superior a 0,5 mg/l

– conducir de forma temeraria o en sentido contrario

------------ puntos

d. 🔊 Escucha esta grabación y comprueba.

e. 🔊 Escucha de nuevo la grabación y anota otros ejemplos de infracciones en el grupo correspondiente.

6 puntos: --

4 puntos: --

3 puntos: --

2 puntos: --

f. ◁ ¿Se aplica en tu país el sistema del carné por puntos? ¿Crees que funcionaría y ayudaría a reducir el número de siniestros? ¿Por qué? Escribe en tu cuaderno un texto justificando tu opinión acerca de este sistema.

g. 🗨 En grupos de tres, lee el texto de tus compañeros. ¿Opinan lo mismo que tú? Si no opináis lo mismo, intentad llegar a un acuerdo.

10. a. [G] **Relaciona un elemento de cada columna para formar oraciones completas.**

1. Miriam es tan simpática…	**a.** … que no duerme bien.
2. Tiene tantos problemas…	**b.** … así que decidimos volver a casa.
3. Vive muy lejos,…	**c.** … que le cae bien a todo el mundo.
4. Anoche estaba agotado,…	**d.** … que me quedé dormida.
5. Tengo tantas cosas que hacer…	**e.** … de modo que tardará un poco.
6. Hoy he comido tanto…	**f.** … así que me fui a la cama a las nueve.
7. La película era tan aburrida…	**g.** … que no sé por dónde empezar.
8. Había muchísima gente en la cola del cine,…	**h.** … que no voy a cenar nada.

b. [G] **Ahora, fíjate en los recursos que se emplean en las oraciones anteriores para expresar consecuencias y completa este esquema.**

Para **expresar consecuencias** podemos usar los siguientes recursos:
– ------------------ + adjetivo/adverbio + que
– ------------------/a/os/as + sustantivo + que
– así que
– de ------------------ que
– de tal forma que

c. [G] **Lee estas afirmaciones sobre Carolina, piensa en consecuencias lógicas y construye oraciones con los recursos anteriores.**

1. Gana muchísimo dinero.

Gana tanto dinero que no sabe en qué gastarlo.

2. Siempre se levanta tarde.

----

3. Cocina fatal.

----

4. Trabaja demasiado.

----

5. Es muy desordenada.

----

6. Le encanta Antonio Banderas.

----

d. [G] **Ahora intenta pensar en cuáles son los hechos que pueden dar lugar a estas consecuencias y completa estas oraciones.**

1. -- que se ha ido a trabajar a otra empresa.

2. -- que tuvieron que cortar las carreteras.

3. -- que no es capaz de ver una película de terror sola.

4. -- así que me voy a comprar otro nuevo.

5. -- que le paró la policía y le pusieron una multa.

6. -- de modo que deberías estudiar un poco más.

11. a. [P] Lee en voz alta esta lista de palabras y subraya la sílaba tónica
(la que se pronuncia con más intensidad).

1. sabado
2. armario
3. azucar
4. lapiz
5. corazon
6. risa
7. hipopotamo
8. adios
9. azul
10. movil

b. ㉑ [P] Escucha y comprueba.

c. [O] ¿Sabes cuándo se acentúan las palabras en español? Lee el cuadro
y pon el acento a las palabras de 11. a. que lo necesiten.

Reglas generales de acentuación

- **Palabras agudas:** la sílaba tónica es la última. Llevan tilde cuando terminan en vocal, -n o -s.
Por ejemplo, sofá, perdón, adiós.
- **Palabras llanas:** la sílaba tónica es la penúltima. Llevan tilde cuando terminan en consonante distinta de -n o -s.
Por ejemplo, césped, carácter, hábil.
- **Palabras esdrújulas:** la sílaba tónica es la antepenúltima. Siempre llevan tilde. Por ejemplo, límite.
- **Palabras sobreesdrújulas:** la sílaba tónica va antes de la antepenúltima. Siempre llevan tilde.
Por ejemplo, cómpramelo.

12. a. [O] Como sabes, en español hay muchas palabras procedentes de otras lenguas
que se han adaptado ortográficamente. ¿Sabes de qué lengua proceden estas palabras:
inglés, francés, árabe o italiano? Anótalo.

1. coctel: _____
2. champiñon: _____
3. espagueti: _____
4. lider: _____
5. arroz: _____
6. aceituna: _____
7. eslogan: _____
8. alcachofa: _____
9. diseño: _____
10. beisbol: _____
11. azafran: _____
12. garaje: _____

b. [O] Ahora, coloca los acentos que faltan en las palabras de 12. a.

Acentuación de palabras procedentes de otras lenguas

- **Muchas palabras procedentes de lenguas extranjeras se han adaptado al español y, por tanto, siguen las reglas generales de acentuación. Por ejemplo, chalé, fútbol, sándwich.**
- Otras, en cambio, conservan su forma original y suelen escribirse en cursiva. Por ejemplo, *pizza*, *stop*, *stand*.
- Los latinismos, que son palabras y expresiones cultas tomadas directamente de la lengua latina, siguen también las reglas de acentuación. Por ejemplo, referéndum, per cápita, déficit.

Ahora ya puedo...

	☺	😐	☹
hacer hipótesis sobre hechos que están sucediendo y sobre hechos pasados			
contar hechos pasados con detalle			
expresar mi opinión			
expresar acuerdo, desacuerdo o duda			
expresar las consecuencias derivadas de un hecho			

Autoevaluación

1.

Marca la opción correcta.

1. ◆ ¿Cuántos kilómetros hay de aquí a Burgos?
   ◆ Pues .... unos doscientos, más o menos.

   a. habrá   **b.** serían   **c.** están

2. ◆ Maica dijo que vendría a la reunión.
   ◆ Pues no sé si .... a la oficina.

   a. está   **b.** habrá llegado   **c.** llegaría

3. ◆ ¿Sabes que a Iñaki le ha tocado la lotería?
   ◆ Sí, me lo dijo él mismo. Estaba .... contento que iba dando saltos por la calle.

   a. tanto   **b.** tan   **c.** muy

4. ◆ ¿Vienes el lunes a trabajar?
   ◆ No, el lunes hago ....

   a. fiesta   **b.** libre   **c.** puente

5. ◆ ¿En qué puedo ayudarle?
   ◆ Vengo a .... una denuncia.

   a. acusar   **b.** poner   **c.** declarar

6. ◆ Me parece que he perdido el móvil.
   ◆ ¿No lo .... en la oficina?

   a. habrás olvidado   **b.** olvides   **c.** olvidabas

2.

Imagínate que estás en estas situaciones. ¿Qué dirías? Marca la opción correcta.

1. Vas en coche con una amiga, ella quiere adelantar y, de repente, ves que viene un coche a toda velocidad en sentido contrario.
   a. ¡No mires!
   b. ¡Cuidado! ¡Mira bien!
   c. ¡No tienes cuidado!

2. Tu compañera de trabajo te pregunta si sabes que han cambiado vuestro horario de trabajo y tú le dices que no.
   a. No tenía ni idea.
   b. ¡Tengo una idea!
   c. No, lo sé.

3. Estás en una tienda y, de repente, se cae un jarrón de porcelana y se rompe. El empleado viene a preguntarte si has sido tú, pero no has hecho nada.
   a. Soy inocente.
   b. No ha sido culpa mía.
   c. Yo tengo razón.

4. Dices algo y, a continuación, lo corriges o matizas.
   a. Estoy seguro. Me expreso mal, estoy casi seguro.
   b. Estoy seguro. No lo digo, estoy casi seguro.
   c. Estoy seguro. Mejor dicho, estoy casi seguro.

En esta unidad vas a practicar:

■ Expresar acuerdo o desacuerdo:	1, 13
■ Presentar un contraargumento:	1, 13
■ Preguntar si se está de acuerdo o en desacuerdo:	1, 13
■ Vocabulario relacionado con los viajes:	1, 2, 3, 8, 12
■ Uso del pretérito indefinido, pretérito imperfecto y pretérito pluscuamperfecto:	3, 4
■ Pedir una repetición puntual:	5
■ *Ser* + participio:	6
■ Formular buenos deseos:	7
■ Pretérito perfecto de subjuntivo:	8, 9, 10
■ Cuantificadores (*el doble, un tercio...*):	11
■ Hacer comparaciones:	12
■ Preguntar por preferencias y expresar indiferencia:	13
■ Ortografía: la tilde diacrítica:	14, 15

1. a. ⬜ Ordena esta conversación para averiguar lo que estas personas opinan sobre el hecho de viajar.

`1`

Para mí, viajar es una manera de cambiar la rutina de todos los días y vivir la vida..., no sé, de forma diferente.

No sé... Yo pienso que los viajes son solo un invento de nuestra sociedad para promover el turismo y generar una nueva forma de negocio.

Bueno, claro que el turismo mueve dinero, por supuesto, pero, al fin y al cabo, estás invirtiendo en ti mismo, en tu salud, en tu cultura... ¿No crees que es una buena inversión?

Bueno, visto de ese modo, claro que estoy de acuerdo contigo.

No estoy de acuerdo en absoluto. Se puede viajar de muchas maneras, gastando poco o mucho dinero. Fíjate en la cantidad de ofertas de las agencias a lo largo del año.

Sí, ya, pero ¿no te parece que se puede romper la monotonía diaria de otras maneras?

Claro que sí, pero los viajes te abren nuevas perspectivas, te ayudan a conocerte más, a descubrir nuevas culturas...

Mira, estoy totalmente de acuerdo contigo en que las agencias ofrecen una gran variedad de destinos y a buenos precios, pero eso solo confirma lo que antes te he dicho: los viajes son solo un negocio más.

b. 🔵 Escucha la conversación y comprueba.

c. ⬜ Vuelve a leer la conversación anterior y completa la tabla.

Expresar acuerdo	Expresar desacuerdo	Presentar un contraargumento	Preguntar si se está de acuerdo o en desacuerdo

d. [C] Ahora, escribe estos recursos en el lugar correspondiente de la tabla anterior.

> Desde luego.   ¿Qué te parece...?   Creo que te equivocas.   Pero ¿qué dices?
>
> Puede que tengas razón, pero...   ¿No te parece que...?   A mí no me lo parece.
>
> Nada de eso.   De acuerdo, pero...   Sin duda.   Pues sí.

e. ◁ ¿Qué significa para ti viajar? Escríbelo en tu cuaderno.

f. 🔲 Lee tu texto a tus compañeros. ¿Hay alguien que piense como tú?
Después de conocer las opiniones de tus compañeros, ¿con quién podrías irte de viaje?

2. [V] Lee este texto y complétalo con la información del cuadro. Pon mayúsculas donde sea necesario.

> si anula el billete   solo lo puede utilizar el titular   le den la tarjeta de embarque
>
> en primera clase y preferente   si el vuelo se cancela   llegar con bastante antelación
>
> si a pesar de tener confirmada la reserva   la devolución del importe del billete
>
> compruebe la hora límite de aceptación del vuelo   en caso de pérdida o daños en el equipaje

1. El billete de avión es nominativo, es decir, -- . Si lo pierde, avise inmediatamente.

2. --, puede perder entre un 25% y un 50% de su importe dependiendo de la antelación con la que lo haga.

3. --, que es el tiempo mínimo de antelación a la hora programada de salida en el que el pasajero debe haber sido admitido al vuelo, tener facturado el equipaje y estar en posesión de la tarjeta de embarque. Si el billete no dice nada, deberá estar 45 minutos antes. Si va a viajar con compañías de bajo coste, es conveniente -- .

4. Aunque no lleve equipaje, acuda a los mostradores de facturación para que --------------------------------- --, que es lo que le garantiza la plaza en el avión.

5. De manera gratuita, puede llevar 20 kg de equipaje en clase turista y 30 kg --------------------------------- . En compañías de bajo coste, los límites son inferiores. Consulte con la compañía.

6. -- es fundamental acudir al mostrador de la compañía y rellenar el Parte de Irregularidad de Equipaje para poder percibir la correspondiente indemnización. Una vez rellenado el parte, deberá formalizar la reclamación por escrito.

7. -- del billete, no hay plaza, deberán entregarle un impreso en el que se indiquen las normas de compensación.

8. Si el retraso es más de 2, 3 o 4 horas, tienen que ofrecerle, de manera gratuita, comida y bebida suficientes y alojamiento, si tiene que pernoctar. Si es superior a 5 horas, tienen que ofrecerle ------------------------------------ junto con un billete gratuito al punto de partida.

9. --, tienen que ofrecerle la devolución del importe del billete y un medio alternativo de transporte o billete gratuito al punto de destino, junto con los derechos del apartado anterior.

3. a.  Lee esta anécdota y ponle un título.

Fuimos/Íbamos dos parejas de adultos en una autocaravana de viaje hacia Roma cuando **parábamos/paramos** en Florencia a hacer noche para visitarla al día siguiente. **Llegamos/Habíamos llegado** sobre las 10 de la noche, **cenamos/habíamos cenado** en una pizzería muy coqueta y allí **preguntamos/preguntábamos** al dueño de la misma dónde **podíamos/pudimos** aparcar la autocaravana para pasar la noche de forma cómoda y segura. Siguiendo sus indicaciones, **fuimos/íbamos** a parar a una plaza preciosa situada en una colina desde la que **teníamos/habíamos tenido** una vista preciosa de la cuidad.

La plaza **era/fue** un hervidero de gente tomando algo en los bares y terrazas de alrededor, nosotros **aparcamos/habíamos aparcado** en un lateral de la plaza y antes de ir a la cama, **estuvimos/estábamos** un rato alucinando con la vista panorámica y el ambiente. Como **estábamos/estuvimos** supercansados después de dos días de viaje ininterrumpido desde el sur de España, nos **fuimos/habíamos ido** a la cama ignorando el bullicio existente. Nos **quedábamos/quedamos** enseguida dormidos, pero de pronto a las tres de la mañana nos **despertó/había despertado** Gloria Estefan cantando la canción *Mi tierra*. El sonido **fue/era** tan fuerte como en un concierto y los cuatro **pegamos/habíamos pegado** un bote de la cama.

Yo **había salido/salí** fuera a ver qué **pasaba/pasó** y me **encontraba/encontré** con varias personas bailando salsa frente a un coche con las puertas y el maletero abierto. **Estaban/Estuvieron** situados a escasos 15 metros de nosotros. Cuando se me **había pasado/pasó** el enfado, me **di/daba** cuenta de que la solución **era/fue** sencilla: salir a bailar con ellos. Mi mujer **pensó/pensaba** lo mismo, así que **estábamos/habíamos estado** a las cinco de la mañana en Florencia, en PIJAMA, bailando con un colombiano, una polaca, una rusa y un japonés. Madre mía, no sabéis la que **montábamos/montamos** en un momento. Después de un rato bailando, riendo y viendo que todo el que **pasaba/había pasado** por allí automáticamente se **paró/paraba** y se **unía/unió** al grupo, **habíamos tenido/tuvimos** que coger la autocaravana e irnos a dormir a otro sitio porque aquello se **convirtió/había convertido** en una fiesta improvisada que **tenía/tuvo** pinta de que **fue/iba** a durar toda la noche.

b. ⒼVuelve a leer la anécdota y elige la opción correcta. En algunos casos, ambas opciones pueden ser correctas.

c. ⒼVuelve a leer la anécdota anterior y completa el siguiente esquema con la información del cuadro.

---
pretérito pluscuamperfecto   pretérito imperfecto   pretérito indefinido

---

Cuando contamos algo en pasado y queremos:

1. Describir las circunstancias que rodean a un hecho (hora, tiempo, lugar, personas o cosas que había en ese momento), describir las características de algo o de alguien o contar costumbres en el pasado, usamos el _____ .
Ejemplo: _____

2. Destacar un hecho o acción concreta o informar de cuando ocurrió algo, usamos el _____ .
Ejemplo: _____

3. Hablar de una acción que ocurrió antes que otra acción también pasada, usamos el _____ .
Ejemplo: _____

d. 🔲 ⒼCompleta el esquema con ejemplos. Después, coméntalo con tu compañero y corregid los ejemplos, si es necesario.

e. ◁ ⒼPiensa en alguna anécdota graciosa, curiosa, interesante… relacionada con un viaje y escribe en un papel algunas frases y datos relacionados con tu anécdota.

f. 🔲 Pasa a tu compañero todo lo que has anotado para que intente reconstruir lo que pasó. Lee lo que ha escrito. ¿Has tenido que corregir muchas cosas?

4. G Lee este texto y complétalo poniendo los verbos entre paréntesis en imperfecto (*cantaba*), indefinido (*canté*) o pluscuamperfecto de indicativo (*había cantado*) según corresponda.

MOMENTOS PARA RECORDAR

Una increíble cantidad de pequeños objetos –recuerdos de viaje– se reflejaba en el espejo de la habitación. Algunos, envueltos en papel de regalo, (llevar) _____ una pequeña nota en la que se adivinaba el nombre del destinatario. Otros se (amontonar) _____ en las bolsas de compra que cubrían por completo la cama.

Cuando Aurelia empezó a preparar la maleta, apenas recordaba aquellos pequeños objetos que (comprar) _____ durante sus vacaciones. Pero ahora, mientras buscaba en su equipaje el lugar ideal para cada uno, (venir) _____ a su mente momentos ya vividos que dibujaban una serena sonrisa en su rostro. Aurelia se sentía feliz cada vez que (sacar) _____ de las bolsas uno de aquellos objetos. Incluso, en ocasiones, hasta se sorprendía porque ya (olvidar) _____ que aquel pequeño recuerdo le pertenecía. Entonces, cada objeto (traer) _____ a su memoria el detalle de una excursión, una calle, un jardín, *un momento para recordar* –así los llamaba ella.

Aurelia (tardar) _____ mucho en colocar todos sus recuerdos en la nueva maleta que (comprar) _____ unos días antes. Ahora, por fin, todo estaba en su sitio. (Mirar) _____ el reloj, habían pasado casi tres horas desde que empezó a colocar en su equipaje todos aquellos pequeños objetos, pero ese tiempo no (tener) _____ importancia para Aurelia. Su intuición le decía que al igual que le (costar) _____ colocar aquellos pequeños detalles en su equipaje, también le sería difícil olvidar los *momentos para recordar* de aquellas vacaciones. (Abrir) _____ la ventana, ya (ser) _____ de noche. La luna, cómplice de los pensamientos de Aurelia, sonreía.

5. C Relaciona un elemento de cada columna.

1. No encuentro el billete.

2. Vete tú a hablar con la azafata.

3. Su tarjeta, por favor.

4. Falta una hora para que abran el mostrador.

5. Han cambiado la puerta de embarque.

6. He olvidado el pasaporte.

a. ¿Que falta cuánto?

b. ¿Que has olvidado qué?

c. ¿Que qué?

d. ¿Que no encuentras qué?

e. ¿Que vaya adónde?

f. ¿Mi qué?

6. G Ordena los siguientes titulares.

la / pilotos / ha / por / de / desconvocada / el / sido / sindicato / huelga

----

----

ladrones / barrio / un / Villegas / fueron / los / detenidos / tras / de / atracar / del / banco

----

Air-Viv / de / pasajeros / indemnizados / un / los / año / de / después / sus / serán / reclamaciones

----

----

la / ha / por / contaminantes / al / río / compañía / denunciada / sustancias / sido / verter / Plastic S. L.

----

7. a. [C] Escribe los deseos en el lugar correspondiente.

> ¡Que os lo paséis bien!   ¡Que pases un buen fin de semana!   ¡Que descanses!
>
> ¡Que se mejore!   ¡Que tengas mucha suerte!   ¡Que aproveche!

Me voy a la cama, hasta mañana.

Hasta mañana.

Pablo está en la cama con gripe, me voy a verlo.

Vaya, no sabía nada.

Nos vamos a la fiesta de Laura, ¿vale?

Muy bien.

Bueno, se acabó la semana. Nos vemos el lunes.

Mañana tengo el examen de la oposición.

Hasta luego, me voy a comer.

----

b. [Cs] ¿Qué se suele decir en tu país en las situaciones anteriores? Coméntalo con tus compañeros.

8. a. (23) Escucha la siguiente conversación y elige la opción correcta.

1. ¿Qué está buscando Paco?

    a. La cartera.   **b.** El pasaporte.   **c.** El billete.

2. ¿A qué hora sale su avión?

    a. A las 16.45.   **b.** Después de las 15.00.   **c.** Dentro de dos horas.

3. ¿Dónde encuentra Paco lo que busca?

    a. En su cartera.   **b.** Detrás de un mueble.   **c.** Debajo de un armario.

b. (23) [G] Vuelve a escuchar la conversación y completa estas oraciones.

1. Es muy raro que _____

2. No creo que _____

3. Espero que _____

4. Me extraña que _____

5. Es extraño que _____

9. [G] Completa este diálogo con la forma verbal adecuada.

 ◆ Es muy raro que no (llamar) hayan llamado todavía. ¿Habrán perdido el tren?

 ◆ No, no creo que lo (perder) ----------------------------; ya sabes que son muy puntuales para los viajes.

 ◆ Pues espero que no (pasar) -------------------------- nada…

 ◆ Que no, ya verás, dudo que (tardar) ------------------------- más de cinco minutos en llegar.

 ◆ Pero si ya deberían estar aquí. Mira qué hora es. Es muy extraño que no (llegar) ----------------------- ya.

 ◆ Faltan cinco minutos todavía para que llegue el tren. No te preocupes.

 ◆ Tu reloj debe de estar atrasado porque ya son y cuarto pasadas.

 ◆ Es verdad. De todos modos, no es para alarmarse.

 ◆ No sé, es que rarísimo que no nos (decir) ------------------------- nada, ¿no?

 ◆ Tranquilízate, seguro que el tren ha salido con retraso.

 ◆ Ya, pero lo raro es que no nos (llamar) -------------------------- para decirnos que iban a llegar más tarde. Ya sabes que ellos enseguida llaman.

 ◆ No sé, a lo mejor se han quedado sin batería en el móvil o no tienen cobertura. Sé un poquito más optimista.

 ◆ Si yo soy muy optimista, pero es muy extraño que el tren no (llegar) -------------------------- todavía y que no (avisar) -------------------------- por megafonía del retraso.

10. a. [G] Imagina que llegas a la puerta de la escuela y te encuentras la puerta cerrada y este cartel. ¿Qué puede haber pasado? Completa estas oraciones como tú quieras.

 1. Dudo que --

 2. Espero que --

 3. Es raro que --

 4. No creo que --

 5. Me extraña que --

La escuela permanecerá cerrada hasta próxima comunicación.

La dirección.

b. [G] Compara lo que has escrito con lo que han escrito tus compañeros. ¿Habéis pensado lo mismo? ¿Quién tiene más imaginación?

11. [V] Sustituye las palabras destacadas por un cuantificador. Quizá tengas que hacer algún cambio más en la oración.

 1. El cincuenta por ciento de los turistas que nos visitan vuelven de nuevo a nuestra ciudad.

 ----

 2. La tercera parte de los turistas era de nacionalidad alemana.

 ----

 3. El año pasado vinieron cincuenta personas de nacionalidad inglesa; este año han venido tres veces más.

 ----

 4. ◆ He viajado cuatro veces a Perú.
    ◆ Entonces has ido dos veces más que yo.

 ----

 5. Del grupo de cien personas que hicieron el viaje, veinticinco quieren volver a hacerlo.

 ----

12. G Fíjate en estos anuncios de excursiones de un día y completa las conversaciones.

20 DE ABRIL
EXCURSIÓN **SEGOVIA-LA GRANJA**
SALIDA: 7 a. m.
AUTOBÚS SALIDA: Plaza de los Escudos
PRECIO: 40 €

20 DE ABRIL
EXCURSIÓN **MADRID-ARANJUEZ**
SALIDA: 7 a. m.
AUTOBÚS SALIDA: Plaza de la Salud
PRECIO: 30 €

20 DE ABRIL
EXCURSIÓN A **TOLEDO**
SALIDA: 6 a. m.
AUTOBÚS SALIDA: Plaza de los Escudos
PRECIO: 30 €

20 DE ABRIL
EXCURSIÓN **MADRID MUSEOS**
SALIDA: 8 a. m.
AUTOBÚS SALIDA: Glorieta de la Paz
PRECIO: 20 €

1. ◆ Me gustaría ir a la excursión de La Granja.
   ◆ Sí, pero ¡a las siete de la mañana!
   ◆ Pues sale .... de pronto que la de Aranjuez y a esa has dicho que querías ir.
   ◆ Ya, pero es que me han dicho que merece mucho la pena y mira, además es más ....
   que la de La Granja; diez euros menos.

2. ◆ Podríamos ir a la excursión de Aranjuez.
   ◆ A esa excursión yo ya fui el mes pasado, además es .... cara ....
   la de los museos que me apetece mucho más.

3. ◆ Marta, ¿qué tal la excursión de Toledo?
   ◆ ¡Fenomenal! Es mucho mejor .... me habían contado. Hay que levantarse ....
   temprano .... para ir a otras excursiones, pero es estupenda. Te la recomiendo.

13. a. C Completa el diálogo con las palabras del cuadro. Pon mayúsculas donde sea necesario.

---

pero te dijeron que habría plazas, ¿verdad?   en eso sí que estoy de acuerdo   sí, ya, pero

¿no os parece que podríamos hacer un viaje distinto?   ¿qué os parece?   a mí me da igual

---

Marcos: Podíamos ir este año a Galicia. ¿Qué os parece?
Elena: Bueno, --- . Para mí, cualquier sitio es bueno.
Rosa: --- A mí me encantaría visitar Chile, Costa Rica...
Marcos: --- es que solo tenemos diez días de vacaciones y yo no quiero
pasarme la mitad del tiempo de un sitio para otro.
Elena: --- . Tenemos que aprovechar bien los diez días.
Rosa: Por supuesto, yo no estoy diciendo que tengamos que visitar los dos países. Pero uno de ellos...
Mirad qué oferta para conocer Costa Rica. ---
Elena: Pues a mí fenomenal. ¿Marcos?
Marcos: Bueno...
Rosa: Bien, pues vamos a la agencia. Estuve ayer allí y me dijeron que nos diéramos prisa.
Marcos: --- A ver si ahora vamos y nos dicen que no hay plazas.
Elena: Venga, hombre, no seas tan negativo. Vamos ahora mismo y lo dejamos todo solucionado.

b. 24 Escucha la conversación y comprueba.

14. 🔘 Observa en el cuadro las palabras que llevan tilde (´) y las que no. Después, escribe la tilde en las palabras que corresponda.

1. Si, ya, pero es un poco caro.
2. Teresa, ¿te traigo un te?
3. Creo que mañana se va de viaje.
4. Yo se lo que ha pasado.
5. No se, el me dijo que si vendría.
6. Si llueve, nos quedamos aquí.
7. ¿Has cogido tu mi paraguas?
8. ¿Quieres que te pida cita para el dentista?
9. Te había dicho que no te comieras todo.
10. Este es tu abrigo, ¿verdad?
11. No se lo dijo a el, me lo dijo a mi.
12. Que te dije: «Se más confiado o te arrepentirás».
13. Creo que si lo ha hecho, pero no estoy segura.
14. ¿Este es tu hijo? Se parece mucho a ti.

SIN TILDE	CON TILDE
He comprado el billete **de** avión.	**Dé** recuerdos a su madre de mi parte.
El viaje será el martes.	**Él** se ocupa de la reserva de hotel.
Mi agencia de viajes me informó.	Este libro es para **mí**.
Se va de viaje.	**Sé** prudente. Yo **sé** lo que necesita.
Si hace bueno, podemos ir a la playa.	**Sí**, claro que **sí**.
Te acompaño.	Me gusta mucho el **té**.
Aquí tienes **tu** regalo.	**Tú** me lo regalaste.

15. a. 🔘 Lee este cuadro y escribe un ejemplo donde falte.

Otros casos de tilde diacrítica	
que (conjunción) El viaje **que** hice a Brasil fue impresionante.	qué (interrogativo o exclamativo) --
cuando (nexo subordinante) Ven **cuando** quieras.	cuándo (interrogativo o exclamativo) --
quien(es) (relativo) Necesito a alguien en **quien** confiar.	quién (interrogativo o exclamativo) --
donde (nexo subordinante) --	dónde (interrogativo o exclamativo) ¿**Dónde** quieres que vayamos?
como (nexo subordinante) --	cómo (interrogativo o exclamativo) ¿**Cómo** quedamos?

b. 🔘 Lee estas oraciones y escribe la tilde donde corresponda.

1. Hazlo como quieras.
2. Cuando vayas a ver a Juan, dale recuerdos.
3. No sé quien va a ser vuestro nuevo jefe.
4. Me preguntó que había hecho el fin de semana.
5. Tu agenda está donde la dejaste ayer.
6. El sillón que me compré es comodísimo.
7. ¿Quien es ese chico moreno?
8. ¡Como se te ha ocurrido esa locura!
9. No sé cuando tiene pensado venir.
10. ¿Donde ha dicho que vivía?

Ahora ya puedo...

	😊	😐	😞
■ decir si estoy de acuerdo o no con algo			
■ contar una anécdota relacionada con viajes			
■ pedir que me repitan algo			
■ expresar buenos deseos			
■ hacer hipótesis sobre un suceso			
■ comparar (objetos, lugares...)			

Autoevaluación

Lee el siguiente texto y marca la opción correcta.

Viajar de forma diferente

Hay muchas formas de viajar. Algunas personas prefieren la comodidad y llevar hasta el último detalle bien atado; otras, en cambio, buscan un contacto más cercano y auténtico con la cultura del lugar que visitan, sin guías, sin programas cerrados y dejando lugar a la improvisación. En este grupo se sitúan los mochileros.

Este tipo de viajero suele lanzarse a viajar por el mundo con poco dinero, con mucha valentía y con la única compañía de su mochila. Tienen una idea romántica de lo que es viajar y le dan tanta importancia al lugar de destino como al desplazamiento. Habitualmente se alojan en hostales o albergues, se mueven en transporte público y compran la comida en supermercados en lugar de ir a restaurantes.

La mayoría de los mochileros son jóvenes que deciden viajar cuando terminan alguna etapa de sus estudios, antes de tener que sentar la cabeza con vistas a enfrentarse al mercado laboral. Normalmente son más maduros de lo que sus padres piensan, y en estos viajes no suelen encontrarse con problemas porque saben cuidar bastante bien de sí mismos. Además, una peculiaridad de la comunidad mochilera es su camaradería, siempre están dispuestos a echar una mano a un compañero en apuros.

1. Según el texto, la mayoría de los mochileros viajan:
   a. cuando tienen que decidir algo importante.
   b. para madurar más rápido.
   c. antes de iniciar una nueva etapa en su vida.

2. Según el texto, a la mayoría de los mochileros:
   a. no les importa cambiar sus planes en cualquier momento.
   b. no les importa compartir viaje con otras personas.
   c. les suele gustar hospedarse en hoteles.

3. Según el texto, los mochileros suelen ser personas a las que:
   a. les gusta reunirse con otros mochileros.
   b. no les cuesta nada ayudar a los demás si tienen problemas.
   c. les cuesta resolver los problemas con los que se encuentran en sus viajes.

El trabajo 6

En esta unidad vas a practicar:

■ Vocabulario relacionado con el trabajo:	1, 2, 4, 5, 8, 12
■ Expresar planes e intenciones:	2, 3
■ Hablar de la situación laboral:	4
■ Hablar sobre la incorporación de la mujer al mundo laboral:	5
■ El subjuntivo con expresiones que indican reacción y sentimiento:	6
■ Vocabulario relacionado con la apariencia física:	7
■ Expresar acuerdo y desacuerdo:	8
■ *Ser* y *estar* + adjetivo:	9
■ Vocabulario relacionado con el carácter y la conducta:	10
■ Marcadores para organizar el discurso:	11, 13
■ Dar y pedir información en una entrevista de trabajo:	12
■ *Por si* + indicativo/subjuntivo:	14
■ La entonación del discurso. El grupo fónico:	15
■ La pronunciación de vocales seguidas:	16

1. ⒱ **Completa este correo electrónico con las palabras del cuadro.**

De	monicalopez@ya.com
Para	manuelcurto@mail.es
Asunto	entrevista a la vista

¡Hola, Manuel!

¿Qué tal te va todo? Te escribo porque me han llamado para hacerme una (1) _____ el próximo lunes con Antonio Buendía García, un amigo de mi padre que es el (2) _____ de una cadena de televisión local de Albacete. La verdad es que estoy un poco nerviosa, como quien dice acabo de terminar la (3) _____, ¡yo que pensaba ir el lunes a la Oficina del INEM para apuntarme en el (4) _____!

Mi padre me ha dicho que tendría un (5) _____ en prácticas y que mi jornada (6) _____ sería (7) _____, es decir, iría por la mañana de 10 a 2 y de 4 a 8 de la tarde.

Es posible –siempre que haga bien mi trabajo, claro está– que luego me hagan un contrato (8) _____, porque hay un (9) _____ vacante de una señora que se ha (10) _____ . Sería fantástico, ¿no?

Lo que todavía no sé es cuál será mi (11) _____ . Te voy a ser sincera: con tal de que me dé para mis caprichos... Sigo viviendo en casa de mis padres y no tengo muchos gastos.

Cuando puedas, me contestas y me dices cómo te va a ti. Por cierto, ¿al final hicisteis (12) _____ para protestar por las horas (13) _____ que no os habían (14) _____ del mes pasado?

Besos, Mónica

director
contrato
huelga
jubilado
carrera
sueldo
partida
pagado
entrevista
paro
laboral
puesto
extra
indefinido

2. ⒞ **Relaciona las situaciones de estas personas con sus planes.**

1. Tengo 55 años, si dejo de trabajar ahora me quedaría una buena pensión.

2. Este año acabo la carrera de Filología italiana.

3. Me encantaría tener un trabajo estable y seguro.

4. Apenas veo a los niños con esto de la jornada partida.

a. Estoy pensando en que voy a matricularme en el doctorado.

b. Tengo pensado pedir una reducción de jornada.

c. Estoy dándole vueltas a la cabeza, quiero prepararme unas oposiciones.

d. Estoy pensando en pedir la jubilación anticipada.

3. ⒞ **Estas personas están pensando qué van a hacer. Fíjate en las imágenes y escríbelo.**

Miguel, de mayor, _____ _____ .

Carlos y su novia _____ _____ .

Sara está muy estresada. El mes que viene _____ .

Carla trabaja de camarera, pero _____ .

Este fin de semana, tú y tus compañeros _____ .

4. ㉕ Escucha a cinco personas hablar de su situación laboral y marca en la tabla a quién corresponden las siguientes afirmaciones.

	n.º 1	n.º 2	n.º 3	n.º 4	n.º 5
Hasta el momento nunca ha trabajado.					
Trabaja una tarde a la semana.					
Va a realizar una entrevista.					
Ayuda en el cuidado de sus nietos.					
Si trabaja por la noche, termina muy cansada.					

5. a. 📖 Cs Lee estas afirmaciones sobre la incorporación de la mujer española al mundo del trabajo y marca si crees que son verdaderas (V) o falsas (F) en la columna Antes de leer.

Antes de leer			Después de leer	
V	F		V	F
☐	☐	**1.** La tasa de desempleo en España afecta más a las mujeres.	☐	☐
☐	☐	**2.** Muchas mujeres españolas se casan antes de tener una estabilidad laboral.	☐	☐
☐	☐	**3.** En la actualidad es extraño que una pareja decida tener más de dos hijos.	☐	☐
☐	☐	**4.** Cada vez son más las trabajadoras que piden una reducción de jornada.	☐	☐
☐	☐	**5.** Las parejas realizan de manera equitativa las tareas domésticas.	☐	☐

b. 📖 Cs Ahora, lee el texto y marca las respuestas en la columna Después de leer.

CAMBIOS SOCIALES CON LA INCORPORACIÓN DE LA MUJER AL MUNDO LABORAL

Está claro que el prototipo de mujer del siglo XXI difiere mucho del de las generaciones anteriores. La presencia femenina en los estudios universitarios es mayor a la masculina, pero a pesar de esto el desempleo en cifras absolutas afecta a un mayor número de mujeres que de hombres, especialmente en lo que a carreras técnicas y científicas se refiere.

De todas formas, las prioridades femeninas han variado sustancialmente. Ahora entre ellas se encuentra la de encontrar un trabajo acorde con la formación universitaria que han recibido, por lo que el número de parejas que deciden casarse ha disminuido y, si lo hacen, cada vez se realiza más tarde y solo cuando la mujer considera que disfruta de una estabilidad económica satisfactoriamente remunerada.

También se ha visto retrasado el momento de la maternidad. Pocas mujeres hoy en día se la plantean antes de la treintena. A todo ello, si añadimos que la media de la tasa de la natalidad en España (1,2 hijos) es una de las más bajas de Europa, pues es lógico afirmar que todos estos acontecimientos van a tener una gran incidencia en la sociedad.

La mujer de este siglo está adquiriendo cada vez más parcelas de poder y de mayor responsabilidad y, como no desea dejar de ejercerlos, han disminuido también las mujeres que solicitan una reducción de jornada para llevar a la práctica su anterior papel social en relación con la educación y el cuidado de los hijos y de los familiares mayores.

Otra de las consecuencias sociales es que como para sustentar la economía familiar son necesarios los dos sueldos de la pareja, el trabajo doméstico ya no lo realiza exclusivamente la mujer, los hombres también participan en estas tareas, aunque cabe señalar que el peso del hogar sigue recayendo principalmente en ellas. De todas maneras, esto también ha implicado un aumento de la demanda de mano de obra en estos servicios, que realiza mayoritariamente la población inmigrante femenina.

c. ◁ Escribe un texto contando cómo es la situación en tu país. Después, pásaselo a tu compañero para que lo lea. ¿Le ha llamado la atención algo?

6. a. C Lee lo que han dicho algunas personas y elige la reacción correspondiente.

1. He leído en el periódico que hace una semana despidieron en esa multinacional a una cuarta parte de la plantilla.

2. ¿Sabes que han ascendido a mi hermana?

3. Quería saber cómo me va exactamente a repercutir el aumento de mi jornada en el aspecto económico.

4. ¿Has oído que al final han contratado a Gabriela García como gerente?

Pues me alegra que vaya a trabajar con nosotros, porque aquí hace falta una mano femenina.

Es realmente alucinante que no contemplaran otra medida, ¿no?

Cuánto lamento que a usted solo le interese el dinero que lleva consigo este cambio.

¡Ya era hora! Es una pena que llevara tantos años en ese puesto.

b. G Completa estas oraciones con las formas verbales adecuadas de los verbos que aparecen en el cuadro.

| trabajar | ser | pagar | ~~saber~~ | estar | dar | decir | reunir | seguir |

1. Es una pena que tú no *sepas* inglés, porque para este trabajo es un requisito imprescindible.

2. ¡Qué bien que la entrevista .... por la tarde!

3. Me alegra sinceramente que te .... que ibas a trabajar con nosotros.

4. Perdona, pero si estabas cobrando una nómina, no es posible que .... cobrando el subsidio por desempleo.

5. Lo que es una lástima es que los directivos no se .... hace tiempo y que las cosas .... ahora como están.

6. Me parece estupendo que ayer te .... las horas extra del mes pasado.

7. Cuánto lamento que el mercado laboral español no .... más facilidades para conciliar la vida laboral con la familiar.

8. No tenía ni idea de lo do tu padre. Es alucinante que .... durante dos meses en esas condiciones.

c. C Lee estas afirmaciones y reacciona expresando tu opinión.

1. ◆ Hoy en día los jóvenes tienen más oportunidades que antes para encontrar un buen trabajo.

◆ ---

2. ◆ En muchas ocasiones los horarios de los padres trabajadores son incompatibles con la vida familiar.

◆ ---

3. ◆ Creo que el sueldo que ganan los jóvenes no se corresponde con su grado de formación ni con las horas trabajadas.

◆ ---

4. ◆ Me parece que nuestros padres tuvieron más posibilidades de encontrar un trabajo que les gustaba.

◆ ---

5. ◆ Hay que ser realistas. Es casi imposible trabajar en aquello que realmente te gusta.

◆ ---

7. a. [V] Estas personas van a una entrevista de trabajo. ¿Qué opinas de su aspecto? ¿Crees que deberían cambiar algo? Escríbelo.

----------------------------- ----------------------------- ----------------------------- -----------------------------

----------------------------- ----------------------------- ----------------------------- -----------------------------

b. En grupos de tres, comentad vuestras opiniones. ¿Estáis de acuerdo? ¿Qué consejos daríais a cada uno?

8. a. 26 Escucha un debate en el que varios jóvenes hablan de su situación laboral y señala cuáles de estas afirmaciones se corresponden con la grabación.

☐ Los empresarios prefieren hacer contratos fijos.

☐ Los jóvenes se quejan de la inestabilidad laboral.

☐ Algunos creen que los jóvenes tienen que cambiar su mentalidad.

☐ Algunos opinan que el Gobierno ha mejorado el tipo de contratos laborales.

☐ Es muy habitual trabajar sin contrato.

b. ¿Estás de acuerdo con las afirmaciones que has escuchado? Escribe en tu cuaderno un correo electrónico al director del programa expresando tu opinión. No olvides usar algunas de las expresiones que se suelen usar en las cartas formales.

9. [G] Completa estas oraciones con *ser* o *estar.*

1. Me han dicho que _____ un chico muy bueno, que se porta muy bien en las clases.

2. ¿Sabes si ya _____ abierta la cafetería?

3. ◆ ¿Crees que Carlota ya _____ lista para asumir ese trabajo?

   ◆ Yo creo que sí, además _____ una chica muy despierta.

4. ¡Qué rica _____ esta paella!

5. ◆ ¿Le vas a decir que se ha equivocado?

   ◆ Pues no sé, porque _____ tan orgulloso que seguro que no acepta sus errores.

6. ¡Qué listo _____ el hijo de Carmen! Es que lo coge todo al vuelo.

7. Tu hermano es una persona simpatiquísima. ¿_____ así de abierto con todo el mundo?

8. Oye, ¿_____ Juan ya despierto? Es que va a llegar tarde.

9. A ver si me toca la lotería ya, porque quiero _____ rico y dejar de trabajar.

10. Qué bueno _____ el chico que acaba de entrar, ¿eh? ¿Sabéis si está casado?

11. _____ tan orgulloso de lo bien que le ha salido la comida, que se lo va diciendo a todo el mundo.

13. a. V ¿Recuerdas para qué sirven estos conectores? Escribe la información del cuadro en el lugar que le corresponde.

> Para empezar   Para introducir un tema   Para añadir información
> Para aclarar o reformular   Para cerrar   Para reforzar un argumento
> Para contrastar ideas   Para introducir una consecuencia

En conclusión

Para finalizar

Para terminar

Sin embargo

Por el contrario

En cambio

Así que

Por eso

Por lo tanto

Desde luego

Por supuesto

Primeramente

Para comenzar

En primer lugar

Mejor dicho

Dicho de otro modo

En otras palabras

Además

Asimismo

De igual modo

En cuanto a

En lo que se refiere a

Respecto a

b. G Completa estas oraciones con alguno de los conectores anteriores.

1. ◆ ¿Te parece bien que mande el currículum a tu empresa?

   ◆ ----------------------, es que deberías haberlo mandado hace mucho tiempo.

2. ----------------------, me gustaría agradecer la presencia de todos ustedes en esta reunión.

3. ◆ Este candidato tiene una gran preparación para este trabajo.

   ◆ Ya lo creo, ---------------------- creo que le falta experiencia, ¿no?

4. Había tenido un día muy duro de trabajo, ---------------------- decidí quedarme en casa.

5. ---------------------- la entrevista, te recomiendo que la prepares convenientemente.

6. Me considero una persona ambiciosa, ----------------------, una persona con inquietudes.

14. a. G Lee estos diálogos y rodea con un círculo la opción correcta.

1. ◆ Voy a dar un paseo con el perro.

   ◆ Hay muchas nubes. Llévate el paraguas por si **llueva/llueve**.

2. ◆ No creo que venga nadie preguntando por mí, porque a estas horas está todo el mundo comiendo, pero por si alguien me **necesite/necesitara**, estaré reunido con los accionistas.

   ◆ De acuerdo, señor Gómez.

3. ◆ Creo que no tendré problemas para encontrar tu casa, pero dame tu número de teléfono por si me **pierdo/pierda**.

   ◆ Mira, es el 673 321 543.

4. ◆ No sé si llevarme toda la documentación a la entrevista de trabajo.

   ◆ Llévatela, por si te la **piden/pidan**.

5. ◆ ¿Tú crees que podremos ir a la playa? Todavía hace un poco de frío.

   ◆ No creo. Además, han dicho que va a llover. De todos modos he metido los bañadores por si de repente y por un milagro divino **mejorara/mejore** el tiempo y **podamos/pudiéramos** bañarnos.

b. G Fíjate en las oraciones anteriores y señala la opción correcta.

Por si puede ir seguido de un verbo en indicativo, pero puede ir seguido también de un verbo en subjuntivo cuando queremos expresar:

☐ menos probabilidad   ☐ menos cortesía   ☐ más énfasis

15. 🔊28 P Escucha este texto y fíjate bien en las pausas. Después, léelo en voz alta intentando imitar la entonación.

Vamos a ver un programa de televisión que habla de la situación actual en la que se encuentran muchos jóvenes españoles. Las personas que viven con sus progenitores están deseosas de poder adquirir su propia vivienda, pero los elevados precios del mercado inmobiliario no se lo permiten.

El grupo fónico

Un grupo fónico es una serie de palabras que se articula sin interrupción. Los grupos fónicos tienen sentido, es decir, se puede entender su significado. A diferencia de otras lenguas, en español se tiende a pronunciar seguidas, sin pausa, las palabras que forman parte de un mismo grupo fónico: por ejemplo, el artículo y el nombre (el perro), el adjetivo y un nombre (un buen hombre), un verbo y un adverbio (no veo bien), un verbo y un pronombre personal átono (se lo dije), un adverbio y un adjetivo (bastante buenos), los componentes de las formas compuestas (he comido), las perífrasis verbales (voy a salir), y la preposición con su término (a casa).

Pronunciación de vocales seguidas en el discurso hablado

Consiste en la pronunciación seguida de dos vocales que pertenecen a dos palabras sin interrumpir el grupo fónico, es decir, se articula como si formara una sola sílaba. Por ejemplo: ¡Yaes-tá bien!, Lahe-rra-du-raes-táo-xi-da-da.

16. a. 🔊29 P Escucha estas frases y repite.

1. Hizo el trabajo en un solo día.
2. Vengo a estudiar.
3. Ahora ya está todo aclarado.
4. Me ha dicho que había sido Alejandro.
5. Esta es mi hermana Elena.
6. Juan volvió al colegio enseguida.
7. Se me ha olvidado en casa.

b. P Subraya en el siguiente texto las uniones entre vocales.

Por fin estaba en mi tierra añorada. La estela se podía contemplar en el azul del mar. Al bajar a la playa, observé cómo en la orilla permanecía una estrella buscando ansiosamente que la espuma mojara alguno de sus brazos. Durante el paseo por la arena, contemplé cómo una extranjera hacía fotos de tan bella estampa.

Pronunciación de vocales seguidas dentro de una palabra

Consiste en la reducción a una sola sílaba, en una misma palabra, de vocales que normalmente se pronuncian en sílabas distintas. Por ejemplo: aho-ra en vez de a-ho-ra.

c. 🔊30 P Pide a tu compañero que te lea el texto anterior respetando las uniones que ha marcado. Después, escuchad la grabación y comparad la pronunciación. Si es muy diferente, escuchadla otra vez y tratad de imitarla.

Ahora ya puedo...

	😊	😐	😞
▪ hablar de trabajo (de mi situación laboral, de las condiciones laborales, etc.)			
▪ hablar de mis planes e intenciones			
▪ reaccionar ante una información que me dan			
▪ opinar sobre el aspecto y el comportamiento adecuados para un trabajo			
▪ dar y pedir información en una entrevista de trabajo			

Autoevaluación

1.

Marca la opción correcta en la columna de la derecha para sustituir las partes destacadas.

1. No me convence para nada el nuevo empleado, considero que **le falta humildad y se cree superior**.
2. Este chico **es muy despierto**. Llegará lejos.
3. Según mis padres, todo lo hago bien y se lo van diciendo a todo el mundo. **Están muy contentos** de que sea su hijo.
4. Tiene ochenta años, pero **no los aparenta**.
5. Después de este día tan duro uno **no tiene fuerzas**.
6. No puedo más…, este trabajo de operadora **produce mucho cansancio**.
7. Cuando quieras podemos irnos. Ya **estoy preparado**.
8. Para tener un cargo tan importante **tiene muy pocos años**.

a. está muy joven
b. es listo
c. está cansado
d. estoy listo
e. es muy orgulloso
f. es muy joven
g. están orgullosos
h. es muy cansado

2.

Marca la opción correcta.

1. Es conveniente que _____ su forma física.
   a. cuide   **b.** cuida   **c.** cuidar

2. Es imprescindible que _____ bien vestido al trabajo.
   a. vas   **b.** vayas   **c.** irás

3. Es necesario que _____ al menos tres idiomas.
   a. hablan   **b.** hablarían   **c.** hablen

4. Es evidente que _____ dotes de mando.
   a. tengas   **b.** tener   **c.** tienes

5. Es obligatorio _____ dispuesto a viajar los fines de semana.
   a. estar   **b.** estando   **c.** esté

6. Es aconsejable que _____ flexible en sus horarios.
   a. es   **b.** sería   **c.** sea

3.

(31) Escucha a Marga, una joven empresaria, que nos habla de su experiencia laboral y marca la opción correcta.

1. A Marga no le costó nada conseguir trabajo en un hotel porque tuvo muchas ofertas.
   a. Verdadero.   **b.** Falso.

2. Mientras trabajaba en un hotel, Marga decidió que quería dedicarse a algo relacionado con la cocina.
   a. Verdadero.   **b.** Falso.

3. Tras acabar el curso de restauración y trabajar en un restaurante, Marga va a abrir un restaurante con ayudas del Estado.
   a. Verdadero.   **b.** Falso.

Otro mundo es posible 7

En esta unidad vas a practicar:

1. a. 📖 V Lee el siguiente texto y marca la opción correcta.

SABES LEER, ELLOS NO. POR UNA EDUCACIÓN PARA TODOS

Manos Unidas asume este año el reto de aportar, con la colaboración de todos los ciudadanos, su granito de arena (1) _____ el acceso a la educación primaria de los niños y niñas de todo el mundo no se quede en papel mojado. Bajo el lema *Sabes leer, ellos no. Podemos cambiarlo*, Manos Unidas (2) _____ este año en la recogida de fondos para la (3) _____ de un centro educativo en la provincia de Loja, una de las más pobres de Ecuador, lo que permitirá (4) _____ la calidad y condiciones educativas de 850 escolares.

(5) _____ este no es el único lugar del planeta hacia el que Manos Unidas dirige su mirada. Las cifras no engañan: más de 800 proyectos al año para mejorar las (6) _____ de vida de aquellos que viven en las zonas más pobres. Este año Manos Unidas también dedica sus esfuerzos a la campaña (7) _____ apoyo a la educación de niños y mujeres en los campos de desplazados en Jartum (Sudán), con tasas de analfabetismo entre las mujeres cercanas al 80%. Este es un (8) _____ que permitirá la formación de 150 profesores de preescolar y primaria y de otros 30 de alfabetización, así como pagar el salario de más de 70 docentes.

1. a. para que	**b.** es que	**c.** por
2. a. quiere	**b.** colabora	**c.** atiende
3. a. muestra	**b.** acción	**c.** construcción
4. a. ascender	**b.** mejorar	**c.** ayudar
5. a. También	**b.** Como	**c.** Pero
6. a. acciones	**b.** condiciones	**c.** medios
7. a. de	**b.** contra	**c.** desde
8. a. obra	**b.** proyecto	**c.** fin

b. 📖 Lee de nuevo el texto y marca si estas afirmaciones son verdaderas o falsas.

              V   F

1. El objetivo de la campaña *Sabes leer, ellos no. Podemos cambiarlo* es la educación. ☐ ☐
2. La campaña está financiada con fondos procedentes de la recaudación de impuestos. ☐ ☐
3. Se dirige a países de todo el mundo. ☐ ☐
4. Está destinada exclusivamente a la población infantil. ☐ ☐
5. La campaña arrancará con un proyecto en Sudán para dentro de un año. ☐ ☐
6. Manos Unidas ha creado setenta puestos de trabajo en Jartúm. ☐ ☐

2. [V] Completa estas oraciones con los verbos del cuadro.

1. Cuando Beatriz terminó Medicina, decidió ....
con una ONG en Somalia para luchar contra la malaria.

2. Algunos de los miembros de Ayuda en el Mundo han viajado
a Guatemala para .... en un proyecto de alfabetización.

3. El partido de la oposición ha decidido .... una manifestación
en contra de las últimas medidas tomadas por el Gobierno.

4. La nueva fábrica que se acaba de instalar en la ciudad ha creado
un sistema para .... menos residuos y así reducir
notablemente el nivel de contaminación.

5. Las asociaciones de vecinos se han unido para ....
fondos en la campaña navideña *Ningún niño sin juguetes*.

6. El trabajo de las ONG supone un gran avance para ....
las condiciones de vida de los países donde trabajan.

7. Las organizaciones que trabajan en los países en guerra tienen
como objetivo .... por los derechos humanos.

8. Hay muchas organizaciones religiosas que tienen como objetivo
fundamental .... de los ancianos y de las personas que no tienen familia.

colaborar

producir

luchar

ocuparse

mejorar

participar

recoger

convocar

3. [V] Piensa en alguna ONG de tu país (o en alguna que conoces) y escribe un breve texto explicando a qué se dedica, dónde actúa, qué tipo de proyectos realiza, etc.

---

4. (32) [V] Escucha estas noticias y anota los organismos y asociaciones que mencionan. Después, escribe las siglas que les corresponden.

1. .... → ....

2. .... → ....

3. .... → ....

4. ...., ... → ...., ...

5. a. 📖 ¿Sabes lo que es un banco del tiempo? Lee este texto y escribe en qué consiste.

> **BANCO DEL TIEMPO: DINERO SIN PRECIO**
>
> El primer banco del tiempo nació en Italia, en los años ochenta; hoy existen en multitud de países y se están extendiendo por todos los continentes. Son entidades en las que sus socios ofrecen unos servicios y piden otros a cambio cuando los necesitan. El abanico de intercambios es muy amplio: desde hacer la compra a cuidar niños o ancianos, dar asesoramiento jurídico, hacer trabajos de reparación en el hogar, dar clases de informática, etc. Aunque a primera vista pueda parecerlo, no se trata de un sistema de trueque, ya que los usuarios emplean una moneda: el tiempo. Los servicios que se ofrecen se cuantifican en horas, que los socios acumulan en su «crédito de tiempo» y que podrán emplear en los servicios que mejor les vengan, en función de la cantidad de horas que hayan acumulado. Cuanta más «moneda» esté circulando, evidentemente, mayor será el enriquecimiento de la comunidad.
>
> Los bancos del tiempo son, además, espacios para crecer como personas, porque a través del ofrecimiento y la demanda se aprenden y se fomentan valores como el compañerismo, que pueden ampliarse a distintos ámbitos de la vida. Este aprendizaje adquiere mayor relevancia en un mundo que se agita entre dos extremos: la solidaridad y el individualismo. Desde este espacio de intercambios y cooperación se puede construir un mundo mejor y abrir un espacio para el diálogo, en el que podamos ofrecer, pero también pedir, con la humildad que esto implica, aquello que necesitamos en un momento determinado.
>
> En los bancos del tiempo colaboran personas de muy diversa edad, origen y condición social, y entre todos se busca el enriquecimiento con los conocimientos y, más que eso, todo lo que de bueno tiene la amistad, la maravillosa sencillez de pasar un rato juntos.

----

b. 📖 Lee de nuevo el texto y marca la opción correcta.

1. Los servicios que ofrecen los usuarios de los bancos del tiempo:
  a. se intercambian por servicios similares.
  b. se intercambian por cualquier tipo de servicio.
  c. los realizan profesionales.

2. La forma de cuantificar los servicios prestados:
  a. depende del tipo de servicio del que se trate.
  b. la fijan los socios.
  c. es la misma para todos los usuarios.

3. Los bancos del tiempo fomentan:
  a. el enriquecimiento personal de sus miembros.
  b. el enriquecimiento económico de sus miembros.
  c. el individualismo.

c. 🆅 Escribe los sustantivos derivados de estos verbos. Si no conoces alguno, puedes encontrarlo en el texto anterior.

ofrecer: _____   demandar: _____

cooperar: _____   enriquecer: _____

intercambiar: _____   aprender: _____

d. Muchos sustantivos abstractos se forman con el sufijo *-ción*. Durante dos minutos, escribe todos los que conozcas. Después, compara tu lista con tu compañero y amplíala. Si ha escrito alguna palabra que no conoces, pídele que te explique su significado.

colaboración

---

e. [V] Escribe el sustantivo correspondiente. Estos sufijos te pueden ayudar.

 -ez   -ción   -dad   -sión   -tud

1. honrado – la honradez
2. actual – la ....
3. sensibilizar – la ....
4. sencillo – la ....
5. colaborar – la ....
6. comprender – la ....
7. joven – la ....
8. viejo – la ....

9. creativo – la ....
10. niño – la ....
11. sencillo – la ....
12. inquieto – la ....
13. exacto – la ....
14. movilizar – la ....
15. cruel – la ....
16. decidir – la ....

6. [G] Una emisora de radio ha salido a la calle para preguntar qué medidas deberíamos tomar los ciudadanos para cuidar el medio ambiente. Aquí tienes algunas respuestas. Completa las oraciones poniendo los verbos en el tiempo de indicativo o de subjuntivo que corresponda.

1. Es evidente que todos nosotros (deber) .... usar el transporte público.

2. Me parece genial que el ayuntamiento (facilitar) .... contenedores para el reciclaje.

3. Creo que (ser) .... importante enseñar a los niños a cuidar el medio ambiente.

4. Es una vergüenza que los coches (utilizar) .... combustibles que contaminan tanto.

5. Es conveniente que todos (gastar) .... la menor cantidad de agua posible sin renunciar a nuestras necesidades.

6. Es una buena idea que la gente (comenzar) .... a utilizar un combustible ecológico o energías alternativas no contaminantes.

7. Me parece fatal que en las casas no (haber) .... sistemas para evitar el derroche de energía.

8. Es increíble que los países más potentes (seguir) .... consumiendo energía como si fuera ilimitada.

9. Es necesario que todos nos (acostumbrar) .... a apagar las luces cuando no las necesitamos.

10. No creo que (ser) .... necesario coger el coche para ir a comprar el periódico al quiosco que está a cinco minutos de casa.

7. C Imagina que en el periódico del lugar donde vives lees estos titulares. ¿Qué te parecen? Escribe tu opinión en tu cuaderno, empleando las estructuras que conoces: *Me parece bien/mal; es bueno/malo; es una vergüenza/una buena idea/un error...*

Los bares y discotecas cerrarán a las doce de la noche para evitar la contaminación acústica

Solo podrán circular dentro de la ciudad los coches que consuman combustible ecológico

Los ciudadanos que tiren papeles al suelo podrán recibir multas de hasta 250 euros

Este verano se prohibirá el uso del agua para el riego de jardines privados

Los vehículos particulares no podrán circular por el centro de la ciudad a partir de las tres de la tarde

Este año aumentará en un 10% el número de policías en las calles para luchar contra la inseguridad ciudadana

8. a. 📖 Lee esta carta al director y ponle un título. Después, comparadlos en pequeños grupos para comprobar si se parecen.

Quiero manifestar mi profundo malestar por la próxima construcción de una nueva carretera que pasa al lado de la urbanización donde vivo. Una zona donde, hasta hace poco tiempo, la vida era muy tranquila. _____, creo que esa carretera lo único que va a conseguir es traer la contaminación a un lugar donde hasta ahora no la habíamos sufrido y que no tiene tanta carga de tráfico como para justificar su construcción. Y es que, _____, el proyecto contradice las promesas que hizo el alcalde durante la campaña electoral. Prometió la construcción del parque que tanto tiempo llevábamos pidiendo y ahora no solo no lo ha cumplido sino que, además, ha aprobado la construcción de una carretera.
Y yo me pregunto, ¿dónde piensa construir el parque que prometió? ¿O es que acaso lo ha olvidado?
_____ que me siento decepcionado.
_____ parece que, una vez más, nos quedamos con una lista de promesas incumplidas.

F. Jiménez, vecino de la urbanización Pinosaltos, Madrid.

b. C Ahora, completa la carta con estos conectores del discurso.

| la verdad es | sinceramente | total, que | para colmo |

c. C Completa estas oraciones.

1. He perdido mi tarjeta de crédito y, para colmo, ---
----

2. Todo el mundo estaba muy cansado. Total, que ---
----

3. No creo que subir los precios sea una solución; sinceramente, -------------------------------
----

4. El otro día estuve con Silvia y Jorge y se pasaron toda la tarde discutiendo. La verdad es ------------
----

5. Hoy ha sido un día horrible. El despertador no ha sonado y me he levantado tarde; cuando he ido
a ducharme, no había agua corriente; cuando he ido a desayunar, no quedaba leche y, para colmo, -------
----

9. a. V Relaciona un elemento de cada columna para formar expresiones relacionadas
con problemas ciudadanos.

1. contaminación   **a.** del transporte público

2. mantenimiento de zonas   **b.** acústica

3. inseguridad   **c.** de las calles

4. limpieza   **d.** verdes

5. funcionamiento   **e.** ciudadana

b. 33 Escucha las quejas de varios ciudadanos y anota
de cuáles de los temas del apartado anterior hablan.

1. --

2. --

3. --

10. G Transforma estas oraciones poniéndolas
en forma negativa.

1. Pensábamos que estabas todavía en Buenos Aires.

No pensábamos que estuvieras todavía en Buenos Aires.

2. Siempre imaginé que Miguel conocía la región.
----

3. Está claro que ha habido un problema entre ellos.
----

4. Es verdad que el ayuntamiento ha aprobado la construcción de un nuevo parque en el centro.
----

5. Pensé que la culpa era suya.
----

6. Mario creía que aquello podía ser cierto.
----

11. [V] Escribe las palabras o expresiones del cuadro en la definición correspondiente.

1. .... : Elevación de la temperatura de la atmósfera próxima a la corteza terrestre por la presencia de una capa de óxidos de carbono procedentes de las combustiones industriales.

2. .... : Masa de petróleo vertida al mar, que puede causar graves daños, sobre todo al llegar a la costa.

3. .... : Despojar un terreno de plantas forestales.

4. .... : Precipitación en la atmósfera de las emisiones industriales de contaminantes ácidos, como óxidos de azufre y de nitrógeno, óxidos metálicos, etc.

5. .... : Viento muy impetuoso que gira en grandes círculos y que suele tener origen en las zonas tropicales.

6. .... : Tiempo seco de larga duración.

7. .... : Sacudida del terreno, ocasionada por fuerzas que actúan en el interior del globo terrestre.

terremoto

marea negra

sequía

lluvia ácida

huracán

efecto invernadero

deforestación

12. [G] Mira estas imágenes y da tu opinión sobre lo que ves en ellas. Utiliza algunas de las expresiones del cuadro.

Me sorprende…   Me molesta…   Me llama la atención…

Me da miedo…   Me pone de mal humor…   Me da rabia…

Me pone triste…   Me pone nervioso…   Me encanta…

13. ⊙ A veces, la puntuación puede cambiar el significado de una oración. Lee las que hay debajo del cuadro y marca en cada caso cuál de las oraciones subrayadas da una explicación.

La puntuación de las oraciones de relativo

■ Las oraciones de relativo **explicativas**, como su nombre indica, son las que explican algo del sustantivo al que se refieren. Siempre se separan por una coma.

Los <u>amigos</u> de Carlos, <u>que estudian Informática</u>, se han ido de viaje de estudios a Italia.

(Todos los amigos de Carlos estudian Informática; por lo tanto, todos se han ido de viaje a Italia).

■ Las oraciones de relativo **especificativas**, en cambio, hacen una precisión o limitan al sustantivo al que se refieren, y no se separan por comas.

Los <u>amigos</u> de Carlos <u>que estudian Informática</u> se han ido de viaje de estudios a Italia.

(Algunos amigos de Carlos estudian Informática; solo ellos se han ido de viaje a Italia).

1. a. Los niños <u>que llegaron tarde</u> se quedaron después de clase.
  b. Los niños, <u>que llegaron tarde</u>, se quedaron después de clase.

2. a. Han despedido a todos los empleados, <u>que habían hecho huelga</u>.
  b. Han despedido a todos los empleados <u>que habían hecho huelga</u>.

14. a. ⊙ Lee la explicación del cuadro y coloca las comas que faltan en estas oraciones.

1. La ganadora del premio del año anterior Almudena Grandes presidía el jurado.

2. Todos apoyaron a Carmen incluso el jefe.

3. El alcalde que llevaba ya tres años en el cargo presentó ayer su dimisión.

4. Dice que la entrevista le salió bien aunque reconoce que no la había preparado mucho.

5. Yo preparo la comida; tú el postre.

6. Te has equivocado y francamente me molesta que no lo reconozcas.

7. Habíamos quedado ayer pero no se presentó.

8. Quedamos dentro de dos días o sea el martes.

Algunos usos de la coma

■ La coma se utiliza para separar incisos o explicaciones dentro de una oración. También suele separar oraciones adversativas (*pero*), consecutivas (*así que*), explicativas (*que*), concesivas (*aunque*), causales (*porque*), etc.

  ◆ *Me lo ha dicho Mariví, mi cuñada.*

  ◆ *A los niños les encanta la playa, de modo que este verano buscaremos un hotel en la costa.*

■ También separa conectores como *generalmente*, *no obstante*, *es decir*, etc.

  ◆ *Efectivamente, la reunión ha sido un éxito.*

■ Se utiliza la coma para indicar que se ha omitido el verbo, porque ya se ha mencionado antes.

  ◆ *Su padre es holandés; su madre, española.*

b. 34 ▣ Escucha y trata de imitar la pronunciación de las oraciones del apartado anterior.

Ahora ya puedo...

	☺	☐	☹
■ explicar a qué se dedican distintas ONG			
■ expresar mi opinión ante temas y noticias de actualidad			
■ reaccionar ante una información nueva expresando mi opinión			
■ hablar de problemas urbanos			
■ hablar de problemas del medio ambiente			

Autoevaluación

1.

Marca la opción correcta.

1. Me alegra mucho que .... el puesto de trabajo que buscabas.

   a. hubieras encontrado   **b.** hayas encontrado   **c.** encontraste

2. Es increíble que la gente no se .... de reciclar.

   a. preocupe   **b.** preocupa   **c.** preocuparía

3. Me indigna que los partidos políticos no .... en su programa más medidas para proteger el medio ambiente.

   a. incluirán   **b.** incluyen   **c.** incluyan

4. Me parece muy bien que .... los impuestos.

   a. bajen   **b.** bajan   **c.** bajarán

5. Está claro que el uso de biocarburantes .... mucho la contaminación atmosférica.

   a. haya reducido   **b.** reduzca   **c.** reduce

6. Tengo miedo de que los niños .... en casa. Nunca los he dejado solos.

   a. se quedaron   **b.** se queden   **c.** se quedarán

7. Es cierto que Ana .... la beca para ir a estudiar a Argentina.

   a. ha conseguido   **b.** haya conseguido   **c.** consiga

8. Me sorprende que no .... contenedores en esta urbanización.

   a. haya   **b.** hay   **c.** habrá

9. Me parece intolerable que las autoridades no nos .... una explicación sobre lo ocurrido.

   a. darán   **b.** darían   **c.** den

10. No está claro que esa medida .... efectiva para el control del tráfico.

   a. sería   **b.** haya sido   **c.** es

2.

Elige la opción que tiene un significado parecido a la palabra o expresión marcada en negrita.

1. Jaime es **voluntario** en una ONG.

   a. socio   **b.** colaborador   **c.** propietario

2. ◆ ¿Qué opinas de la situación de la vivienda?
   ◆ Que **es una vergüenza**.

   a. me parece genial   **b.** me da vergüenza   **c.** me parece fatal

3. Han denunciado al propietario de ese local por problemas de **contaminación acústica**.

   a. ruido   **b.** limpieza   **c.** violencia

4. Hay que **luchar** contra la injusticia y las desigualdades.

   a. trabajar   **b.** atacar   **c.** manifestarse

5. El ayuntamiento ha invertido un montón de dinero para el mantenimiento de **zonas verdes** en la ciudad.

   a. instalaciones deportivas   **b.** parques   **c.** zonas donde no está permitido fumar

En esta unidad vas a practicar:

■ Vocabulario relacionado con la publicidad:	**1, 2, 14**
■ Las oraciones condicionales:	**2, 3, 4, 5, 6**
■ Vocabulario relacionado con la salud:	**7, 8, 9, 10**
■ Las perífrasis verbales:	**9, 10**
■ Vocabulario relacionado con la nutrición y los grupos alimenticios:	**11, 12, 13**
■ Contrastar ideas (*aunque, a pesar de que, pero, sin embargo*):	**14**
■ El uso del guión:	**15**

1. a. [V] Completa estas expresiones con la palabra correspondiente del cuadro.

1. Campaña _____

2. Artículos de _____

3. Gama de _____

4. Etiqueta de un _____

en los medios	productos
descuento	oferta
prestigio	gratuitas
publicitaria	producto

5. Marca de _____

6. Vale _____

7. Muestras _____

8. Anunciarse _____

b. [V] Ahora, escribe las expresiones anteriores en el lugar correspondiente.

1. _____ : Periodo de tiempo en el que se realizan distintos anuncios.

2. _____ : Cantidades de un producto que se regalan para conocer su calidad.

3. _____ : El distintivo de una fábrica que goza de reconocimiento social.

4. _____ : Información que se coloca en un artículo para su identificación.

5. _____ : Darse a conocer en órganos destinados a la información pública.

6. _____ : Bono o tarjeta que sirve para adquirir artículos más baratos.

7. _____ : Serie de artículos que pertenecen a una misma categoría.

8. _____ : Productos que se venden con su precio rebajado.

2. a. [G] Completa estas oraciones con la forma correcta de los verbos que aparecen en el cuadro.

rellenar	utilizar	regalar	ver	saber	ir

1. Si recibiese por correo una encuesta sobre el consumo doméstico, la _____ enseguida para enviarla de nuevo a la dirección adjunta.

2. Si _____ que en una tienda venden ropa falsificada de mi marca favorita, lo denunciaría a la Policía.

3. Si me _____ en un supermercado un vale descuento para probar un producto nuevo, lo usaría; así sabría si me gusta o no.

4. Si en una revista hubiera una muestra de crema hidratante para la cara, jamás la _____ . No me fío de la calidad de los productos que no se venden en un centro especializado.

5. Si, después de consultar distintos folletos de varios centros, _____ que los precios de un centro que está a las afueras de la ciudad son un 5% más baratos que el que está al lado de mi casa, _____ allí a comprar.

b. [G] Lee estas preguntas que han aparecido en una encuesta sobre publicidad y responde dando tu opinión.

1. ¿Qué pasaría si prohibieran la publicidad en la televisión?

_____

2. ¿Qué harías si en unos grandes almacenes te propusieran aparecer en su catálogo primavera-verano?

_____

3. ¿Qué harías si en un folleto el precio de un artículo fuera más barato que el de la tienda?

_____

4. ¿Qué harías si tu marca favorita de ropa hiciera una campaña, en tu opinión, sexista?

_____

3. G Completa estas oraciones poniendo los infinitivos del cuadro
en la forma correspondiente del pretérito pluscuamperfecto de subjuntivo.

1. Si _____ el catálogo unos días antes, podría haber comprado
   alguno de los artículos que estaban en oferta.

2. No se habría gastado tanto en el traje, si _____ a las rebajas.

3. Si se _____ la falda el otro día, ahora no estaría desesperada
   buscando una.

4. Habríamos aceptado participar en su anuncio, si nos lo _____ .

5. Si le _____ la lotería, su mujer se habría enterado.

> ofrecer
>
> esperar
>
> tocar
>
> recibir
>
> comprar

4. G Relaciona los elementos de las dos columnas.

1. Si Flemming hubiera nacido en el Tercer Mundo,…

2. Si ese producto lo hubiesen anunciado
   en televisión,…

3. Si en la etiqueta de la muñeca no hubieran visto
   que los beneficios de su venta iban destinados
   a una ONG,…

4. Si Muhammad Yunus no hubiera recibido
   el Premio Nobel de la Paz,…

5. Si no se hubiera creado la Fundación Bill
   y Melinda Gates,…

a. … no la habrían comprado.

b. … hubiera continuado igualmente concediendo
   créditos a los más pobres.

c. … seguro que las tiendas lo habrían vendido
   como churros.

d. … posiblemente habría muerto mucha
   más gente de malaria o sida.

e. … no se habría descubierto la penicilina.

5. G Completa las siguientes oraciones con la forma verbal adecuada.

1. Si acudieras a tu médico, te (aconsejar) _____ qué tomar para el dolor de garganta.

2. Sabría qué efectos secundarios tiene este medicamento, si no (tirar, tú) _____
   el prospecto a la basura.

3. Si (ir) _____ a la conferencia sobre los medicamentos genéricos, también
   se habrían enterado de sus ventajas.

4. ¡Menos mal que está aquí mi móvil! Si lo (perder) _____, habría sido un desastre, porque
   ahora no (saber) _____ cómo recopilar todos los números que tengo en la agenda.

5. Si antes de lavar la ropa (leer) _____ su etiqueta, no te habría pasado esto.

6. Si además del régimen hicieras algo de deporte, te (sentir) _____ mucho mejor.

7. Si (abrir) _____ vuestro correo electrónico, habríais visto la propuesta tan buena
   que han hecho los de la agencia.

8. Los niños (tomar) _____ más fruta, si vieran a sus padres hacer lo mismo.

6. G Observa estas cosas, piensa en las posibles consecuencias en caso de no haberse inventado
y escríbelas.

Si no se hubiera inventado
el avión, _____

_____

_____

_____

_____

_____

_____

_____

_____

7. a. ☐ E Lee este texto sobre el uso de las medicinas e intenta completar los espacios en blanco con la palabra que crees que falta en cada uno. Fíjate bien en el contexto.

EL ABUSO DE LOS MEDICAMENTOS

El Ministerio de Sanidad y Consumo español ha realizado diversas campañas publicitarias sobre el uso que se hace de los .... Muchos de los que se venden en las .... no necesitan una .... médica, por lo que gran parte de la población los compra directamente y los .... sin haber acudido a su .... Las autoridades consideran que, en este caso, es conveniente consultar con el ...., ya que a dos personas con la misma .... no les tiene por qué ir bien la misma medicina.

Por otra parte, es necesario conseguir que los ciudadanos cambien de actitud con respecto al uso indiscriminado de .... para situaciones en las que no son necesarios, e insistir que estos deben tomarse solamente bajo .... médica porque, si no, pueden hacer que el cuerpo genere bacterias .... y dejen de ....

.... es un mal hábito. Además, es frecuente que los enfermos o bien no realicen el .... completo, o bien sigan tomando estos productos más tiempo de lo necesario.

Por eso, estas campañas pretenden que la gente empiece a .... de los riesgos que supone la mala utilización de los fármacos y también pretende incidir en los ...., para que en sus consultas expidan recetas de una manera justa y racional.

b. ☐ V Ahora, coloca estas palabras en el lugar correspondiente del texto que has leído. ¿Son iguales o similares a las que habías escrito?

automedicarse	medicamentos	resistentes	médico	curar
facultativos	prescripción	receta	concienciarse	farmacéutico
farmacias	antibióticos	toma	tratamiento	enfermedad

8. a. ㉟ Escucha a Eduardo hablar sobre el uso que hace de los fármacos y marca si estas afirmaciones son verdaderas (V) o falsas (F).

	V	F
1. Siempre ha tomado medicamentos bajo prescripción médica.	☐	☐
2. De joven, siempre tenía alguna dolencia física.	☐	☐
3. Antes siempre leía los prospectos de los medicamentos.	☐	☐
4. Estuvo ingresado en un hospital por una intoxicación.	☐	☐
5. Ha estado tomando tranquilizantes durante dos semanas bajo prescripción médica.	☐	☐
6. A los quince días del tratamiento, el médico le dijo que ya estaba bien.	☐	☐
7. Opina que el abuso de los medicamentos supone un gasto importante para el Gobierno.	☐	☐
8. Ahora lleva una vida saludable.	☐	☐

b. ¿Y tú, qué uso haces de los fármacos? Coméntalo con tus compañeros. ¿Cuál es, en general, el uso que se hace de los fármacos en clase?

9. G Relaciona un elemento de cada columna para formar oraciones completas.

1. El Ministerio de Sanidad y Consumo lleva un tiempo...

2. Médicos y farmacéuticos acaban de...

3. Es muy habitual que los pacientes dejen de...

4. Muchos ciudadanos siguen...

5. Con una mala utilización se está a punto de...

6. Con estas campañas queremos que la gente empiece a...

7. Los ciudadanos debemos...

8. No conozco ese medicamento, debe de...

a. ... adoptar hábitos saludables en nuestra vida diaria.

b. ... reunirse para hablar sobre las recetas que se expiden de una forma irracional.

c. ... tomar los medicamentos cuando se encuentran mejor.

d. ... crear nuevas patologías.

e. ... automedicándose cuando están enfermos.

f. ... ser un genérico, ¿no?

g. ... reflexionar sobre la utilización que hace de los antibióticos.

h. ... realizando campañas para concienciar a la población de los riesgos del mal uso de los fármacos.

10. G Sustituye las palabras destacadas por una de estas perífrasis.

> *dejar de* + infinitivo   *empezar a* + infinitivo   *acabar de* + infinitivo   *deber de* + infinitivo
>
> *llevar* + gerundio   *seguir* + gerundio   *deber* + infinitivo   *estar a punto de* + infinitivo

1. ◆ Johann, ¿qué quiere decir en español *ser rico en proteínas*?
   ◆ No estoy seguro, pero **creo que es** algo que tiene muchas proteínas, ¿no?

   ----

2. Los médicos de atención primaria **recetan desde hace** varios años medicamentos genéricos.

   ----

3. Es probable que con estas campañas la población **ya no ingiera** tantos antibióticos.

   ----

4. Ya me encuentro mucho mejor, pero **todavía tomo** el jarabe, porque tengo que terminar el tratamiento.

   ----

5. Los pacientes **tenemos la obligación de hacer** lo que nos aconsejan los especialistas.

   ----

6. **Ahora mismo han dicho** que no hay que tomar nada por un simple catarro.

   ----

7. Sería conveniente que **te plantearas ya** llevar una vida más sana.

   ----

8. ¡Ay, ay! Por favor, pásame un pañuelo que **voy a estornudar**.

11. a. 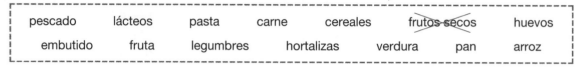 Observa la pirámide alimenticia y coloca estos alimentos en su grupo correspondiente.

pescado	lácteos	pasta	carne	cereales	~~frutos secos~~	huevos
embutido	fruta	legumbres	hortalizas	verdura	pan	arroz

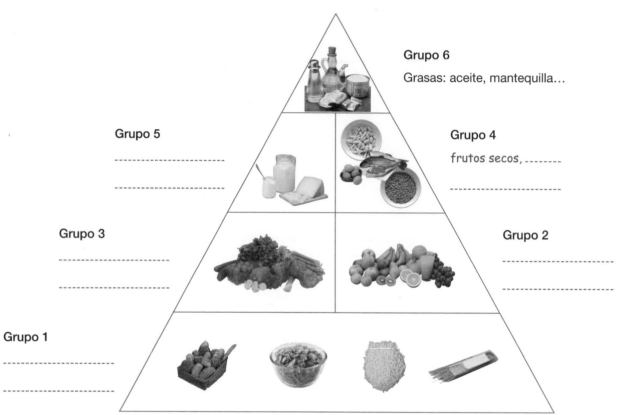

Grupo 6
Grasas: aceite, mantequilla…

Grupo 5

Grupo 4
frutos secos, --------

Grupo 3

Grupo 2

Grupo 1

----

b. V Clasifica cada uno de estos alimentos en el grupo que le corresponde.

ciruela	leche entera	jamón serrano	cordero	melocotón	piña
pan de molde	alcachofa	aceite de oliva	pepino	queso fresco	lentejas
alubias	magdalena	mandarina	sardina	cruasán	flan
espinacas	margarina	yogur desnatado	cacahuetes	tomate	atún
ajo	macarrones	fideos	ternera	merluza	pera

Grupo 1	Grupo 2	Grupo 3	Grupo 4	Grupo 5	Grupo 6

c. V De los alimentos anteriores, ¿cuáles te gustan más? Coméntaselo a tu compañero. ¿Tenéis los mismos gustos? ¿Os gustan otros alimentos que no aparecen en esta lista? ¿Cuáles?

d. [V] ¿Cuáles de estos alimentos pueden ser desnatados, integrales o *light*? Escríbelo.

- leche *desnatada*
- arroz ....
- cereales ....
- yogur ....
- pasta ....
- galletas ....
- pan ....
- refresco ....
- patatas fritas ....

12. [book] [V] Lee lo que dice este especialista en nutrición y complétalo con las palabras del cuadro.

| fibra | ricos | vegetal | aportan | hierro | integrales |
| propiedades | calcio | conservantes | ingerir | equilibrada | grupos |

Todos los alimentos son necesarios para una alimentación ....

En la pirámide distinguimos seis .... Los que forman el grupo 1 (pan, cereales, arroz y pastas), 2 (frutas) y 3 (verduras) .... hidratos de carbono y .... Los cereales es preferible que sean ...., ya que son mejores para el corazón y si no son azucarados, nos ayudarán a mantener la línea. Las frutas contienen sustancias con .... antioxidantes y es preferible evitar los zumos envasados porque contienen .... Los del 5 (leche, yogur y queso) aportan el .... necesario para los huesos y son .... en proteínas de calidad. Los del 4 (carne, pescado, legumbres, huevos y frutos secos) tienen mucho ...., vitamina B12, yodo y zinc. El consumo de los alimentos del grupo 6 (grasas, aceites y dulces) debe ser esporádico, y es mejor tomar grasas de origen .... que de origen animal.

Si queremos hacer una dieta sana y saludable, deberíamos .... todos o casi todos los días unas cinco raciones de fruta y verdura, carne o pescado, algo de cereales, leche y sus derivados. Por el contrario, otros alimentos como galletas, pasteles, bollería, chocolates, mermeladas… solo deberían tomarse esporádicamente.

13. a. (36) Escucha lo que han contestado estas personas a una encuesta sobre su dieta alimenticia y marca a quién corresponden estas afirmaciones.

	Catalina	Enrique	Gabriela	Antonio
No toma fruta para desayunar.				
Come poca carne.				
A media mañana come algo de fruta.				
Come fuera de casa.				
Toma un sándwich por la tarde.				
Opina que come demasiado.				
Le encantan los postres.				
Por la mañana toma queso.				

b. (36) Vuelve a escuchar la grabación anterior. ¿Cuáles de las personas anteriores crees que lleva una dieta más sana? ¿Y cuál crees que debería mejorar su dieta? ¿Por qué? Escríbelo en tu cuaderno y justifica tu respuesta.

c. [BLA BLA BLA] Comenta tu opinión con tu compañero. ¿Estáis de acuerdo?

14. a.  Cs Mira estos anuncios de diferentes instituciones y relaciona cada foto con el eslogan correspondiente.

Fumar conduciendo también puede matar.

Anuncio n.º _____

No recomiendes medicamentos.
Tú no eres el médico.

Anuncio n.º _____

No fumes.
Corta por lo sano.

Anuncio n.º _____

Total, por una colilla…

Anuncio n.º _____

b. Lee estas opiniones y relaciónalas con el anuncio correspondiente.

_____ parezca mentira, todavía son necesarias campañas de este tipo. Parece que las cientos de hectáreas que arden verano tras verano por culpa de una barbacoa, una hoguera, etc., no son suficientes para concienciar a la gente del peligro que esto supone. _____, creo que afortunadamente las generaciones que vienen están más concienciadas con estos temas.

Anuncio n.º _____

_____ todos sabemos que cualquier despiste al volante puede costarnos un disgusto, _____ me parece muy bien que se recuerden cosas de este tipo, porque todos pensamos en el móvil, _____ no caemos en otro tipo de cosas que también hacen que durante unos segundos perdamos la atención.

Anuncio n.º _____

Sin duda, la mejor arma para evitar su consumo es la educación. Es fundamental que la gente se conciencie desde joven de que este hábito es muy perjudicial para la salud, porque, _____ es algo tan evidente, sigue habiendo mucha gente que lo pone en duda.

Anuncio n.º _____

_____ es una práctica muy habitual en este país y que todos hacemos o hemos hecho alguna vez, creo que nunca está de más que se hagan campañas de este tipo para que la gente se conciencie de lo perjudicial que puede ser tomar algo por nuestra cuenta.

Anuncio n.º _____

c. G Vuelve a leer las opiniones anteriores y complétalas con estos conectores. Puede haber más de una posibilidad.

aunque   a pesar de que   pero   sin embargo

15. ⊙ Lee el cuadro con los usos del guión y corrige los errores en la división de palabras del texto que hay debajo.

El guión (-)

Se emplea para:

■ Separar los componentes de algunas palabras compuestas y de apellidos compuestos. En este caso, se siguen las reglas generales de acentuación y cada palabra se acentúa de forma independiente.

Es un tratado teórico-práctico.
Mi segundo apellido es Pérez-Andújar.

■ En lugar de una preposición o conjunción.

Quería un billete Madrid-Barcelona, por favor.

■ Indicar la división de una palabra a final de línea, porque no cabe.

El blanco es un color que significa seguridad y, por lo general, tiene una connotación posi-tiva.

Para dividir una palabra a final de línea hay que tener en cuenta una serie de reglas:

- No se pueden separar los dígrafos *rr*, *ll* y *ch*.

- No se pueden separar las letras de una misma sílaba.

tig-re, ti-gre

- Dos o más vocales seguidas no pueden separarse, aunque formen un hiato y estén en sílabas distintas.

tendrí-ais, ten-dríais, averigu-áis, averi-guáis

- No se debe dejar una vocal sola en una línea.

a-migo, ami-go, e-litista, eli-tista

La publicidad

En el cine, la radio, la televisión, la prensa, en la calle... recibimos continuamente mensajes publicitarios. Muchos nos incitan al consumo; otros, nos invitan a adoptar determinadas actitudes, como cuidar el medio ambiente o conducir con prudencia.

La publicidad es una forma de comunicación persuasiva que pretende informar y, sobre todo, convencer a los destinatarios para que actúen de una forma determinada. Para que un mensaje publicitario sea eficaz, es importante el medio por el que se transmite y el público al que va destinado.

El medio. La publicidad es distinta según donde se ponga para difundirla. En un anuncio impreso se juega con la forma, el color, la distribución del espacio, etc., mientras que en la radio o en la televisión tienen mucha importancia los efectos sonoros, la música y el tono de voz.

El receptor. Hay que adaptar el mensaje al tipo de público al que se destina. No se puede utilizar el mismo mensaje para animar a los conductores a utilizar el cinturón de seguridad que para vender un juguete infantil.

Ahora ya puedo...

	☺	😐	☹
■ hablar sobre situaciones hipotéticas			
■ hablar y opinar sobre la publicidad			
■ hablar sobre la alimentación y la salud			
■ contrastar ideas			

Autoevaluación

Lee una entrevista realizada a una publicista y marca la opción correcta.

Pregunta: Elena, ¿qué le llevó a estudiar Publicidad?

Respuesta: La verdad es que no lo sé. Cuando empecé a estudiar esta carrera, quería que alguien me enseñara a desarrollar la creatividad, pero después me di cuenta de que también es importante saber cómo desenvolverte en una empresa, cómo tratar al cliente, cómo tratar al consumidor, y eso no lo aprendes en la carrera.

P.: Un año después su hermana Carlota empezó a estudiar lo mismo que usted.

R.: Sí. Al final de la carrera es cuando decidimos trabajar juntas y para nosotras mismas, y por eso creamos nuestra propia agencia. Además, trabajar con mi hermana es muy agradable. Creo que si no hubiéramos tomado esa decisión, E&Company no existiría ahora mismo.

P.: El otro integrante es otro compañero de la carrera. ¿No considera que son pocas personas?

R.: En absoluto. La ventaja de trabajar tres personas es que la atención que reciben nuestros clientes es mucho más personalizada y ellos confían en nosotros.

P.: ¿A pesar de su juventud y de su poca experiencia profesional?

R.: Un gran desafío para nosotros ha sido convencer a clientes que están acostumbrados a trabajar con gente más mayor. Al principio jugó en nuestra contra, aunque luego dejó de ser un obstáculo y cada día nos superamos y aprendemos un poquito más.

P.: ¿Les gustaría que les encargaran más a menudo la publicidad de alguna marca con prestigio?

R.: Nos gusta trabajar, el para quién no nos importa tanto.

1. Durante la carrera, Elena aprendió cómo poder gestionar una agencia de publicidad.
   a. Verdadero
   b. Falso

2. E&Company fue fundada por Elena y su hermana cuando estaban acabando sus estudios.
   a. Verdadero
   b. Falso

3. Su juventud fue desde el principio una ventaja para ellos.
   a. Verdadero
   b. Falso

(37) **Escucha un programa de radio sobre la publicidad y marca la opción correcta.**

1. Para Marta, los anuncios publicitarios son:
   a. películas breves que te dicen qué producto debes comprar.
   b. unas películas que en muy poco tiempo te describen las características de algo.
   c. la única forma de conocer lo bueno de un producto.

2. Roberto cree que la publicidad:
   a. debería desaparecer de la televisión pública.
   b. debería ser regulada.
   c. dura demasiado entre programa y programa.

3. A Clara, la publicidad:
   a. le gusta mucho. Además, entre anuncio y anuncio aprovecha para hacer cosas.
   b. no le gusta mucho, aunque reconoce que es atractiva.
   c. le parece engañosa y cree que fomenta el consumismo.

En esta unidad vas a practicar:

■ Vocabulario relacionado con los programas de televisión:	1, 2
■ Oraciones temporales:	3, 4
■ Preguntar y responder por el conocimiento de algo:	5
■ Reaccionar ante noticias:	6
■ Expresar la opinión:	7, 12
■ Marcadores del discurso:	7
■ El futuro perfecto:	8
■ Vocabulario relacionado con la prensa y las revistas:	9, 10, 13
■ El uso del gerundio:	11
■ Citar:	12
■ Interrumpir:	12
■ Pedir que se guarde silencio:	12
■ La entonación de las oraciones enunciativas:	14

1. [V] Busca en la sopa de letras los nombres de los tipos de programas de televisión que se ven en las imágenes.

```
T  E  D  E  B  A  T  E  L  A  O
A  E  I  R  E  S  C  I  N  V  A
R  A  S  E  J  I  O  A  I  I  S
D  O  C  U  M  E  N  T  A  L  C
D  C  A  F  E  T  A  R  A  Í  O
A  R  D  E  N  M  U  T  N  R  Y
R  H  O  R  R  O  R  U  C  O  S
I  G  R  O  M  U  W  I  C  A  L
P  L  F  O  S  R  U  C  N  O  C
S  N  I  T  E  T  R  I  S  R  E
I  N  D  E  P  O  R  T  I  V  O
```

2. a. (38) [V] Escucha una encuesta sobre los programas favoritos de la gente y marca en la tabla a qué programa se refiere cada uno de los encuestados.

	n.º 1	n.º 2	n.º 3	n.º 4	n.º 5	n.º 6
documental						
infantil						
telenovela						
concurso						
serie						
musical						

b. [V] ¿Cuáles eran tus programas favoritos de televisión cuando eras pequeño? Piénsalo y anótalo. Después, busca en clase a compañeros que tuvieran los mismos gustos que tú.

----

3. a. [G] Lee estas oraciones y rodea con un círculo el conector temporal correcto.

1. No le dije nada **hasta que/antes de/hasta hace** me contaron bien la noticia. No quería meter la pata.

2. **En el momento que/Nada más/En cuanto** llegar a la oficina, le dijeron que estaba despedido.

3. **Tan pronto como/Apenas/Mientras** yo reviso este documento, ella podía ir haciendo las fotocopias.

4. Me contó lo que había pasado **en cuanto/después de/desde que** se enteró.

5. **Desde que/Desde hace/Después de** se fue Alberto, la oficina no ha vuelto a ser la misma.

6. **Hasta que/Antes de/Hasta hace** tres días no sabía nada de nada. Menos mal que Juan me informó.

7. **Mientras tanto/En lo que/Cuando** tú cocinas, yo voy poniendo la mesa, ¿vale?

b. [C] Completa estos diálogos con una de estas oraciones.

> Cuando quieras.
>
> Se fue justo antes de que llegaras.
>
> Pues cuando puedo.
>
> Sí, sí, cuando puedas.
>
> Sí, en cuanto termine de hacer esto.
>
> Pues fue después de que te fueras.

Oye, ¿puedes venir un momento?

¿Y cuándo fue esa discusión?

¿Cuándo se fue Jesús? No me pude despedir de él.

¿A qué hora puedo ir a recoger los libros?

Y con el niño, el trabajo, el curso… ¿Cuándo vas al gimnasio?

Enseguida voy. Dame cinco minutos.

c. [G] Completa las siguientes oraciones con la forma verbal correspondiente.

1. Cuando se (cumplir) _____ los 100 años de la televisión en España, los programas serán muy diferentes a los de ahora.

2. Nada más (empezar) _____ la primera emisión, muchos españoles pensaron que eso de la tele sería un fracaso.

3. Antes de que (llegar) _____ las cadenas privadas a España, los españoles solo podíamos ver dos canales de televisión.

4. Muchos creen que desde que (haber) _____ más cadenas, la programación es peor.

5. En cuanto (tener) _____ un ratito, me pongo la televisión. Me encantan los concursos.

6. Tengo mucho sueño. Anoche no me acosté hasta que (terminar) _____ mi programa favorito.

7. Algunos creen que hasta que no (haber) _____ una ley sobre la programación más dura, las cadenas seguirán ofreciendo programas del corazón en horario infantil.

8. Después de (retransmitir) _____ la llegada del hombre a la Luna, Jesús Hermida se convirtió en uno de los corresponsales más famosos de la época.

9. Me dijo que llamaras cuando (terminar) _____ el programa para que le contaras lo que te había parecido.

10. Una vez que el jurado (ver) _____ todos los documentales, emitirá el fallo.

4. [G] Juan y Olga son una pareja de novios que han discutido por la retransmisión de un partido de fútbol. Completa la conversación como tú quieras.

Juan: No, no iré a tu casa hasta que _____ . Ya sabes que a mí no me gusta nada el fútbol desde que _____ y no me apetece nada pasarme el sábado por la noche viendo un partido. Además, mientras tanto _____ _____, porque está visto que tú no lo vas a hacer.

Olga: Pues me parece muy bien. De todas formas, desde que _____ te has vuelto muy intransigente. Espero que tan pronto como _____ vuelvas a reconciliarte con el fútbol, porque en cuanto _____ yo quiero poner una antena parabólica para poder ver todos los partidos.

Juan: Bueno, eso habrá que hablarlo, porque a mí lo que me apetece, después de _____ _____, es que el fin de semana tengamos tiempo para salir y hacer cosas fuera de casa.

5. a. [C] Completa estos diálogos con una de las oraciones del cuadro. Pon mayúsculas donde corresponda.

nadie le había dicho nada	algo había oído
yo no tenía ni idea	no me habías contado nada
sabes algo sobre	ya lo sabías
te has enterado de que	no se ha enterado

1. ◆ ¿ --- van a subir las matrículas para el próximo curso?
   ◆ Sí, --- .
   ◆ Pues --- . ¿Cuándo lo han dicho?
   ◆ No lo sé exactamente. Yo me enteré por los periódicos.
   ◆ Pues a mí --- .
   ◆ Es que creía que --- . ¡Chico, es que no te enteras nunca de nada!

2. ◆ ¿ --- la huelga de transporte?
   ◆ En el telediario dijeron que está convocada para el jueves.
   ◆ Ah, no sé por qué pensé que al final habían llegado a un acuerdo.
   ◆ Oye, hay que avisar a Pedro, que seguro que --- .
   ◆ Tienes razón.
   ◆ Sí, o de lo contrario va a pasarse una semana protestando, porque --- .

b. (39) Escucha la grabación y comprueba.

6. [C] Reacciona ante las siguientes noticias según la actitud que se indica.

1. ◆ ¿Te has enterado de que Daniel Vivas ha tenido un grave accidente?
   ◆ (Interés) --- .

2. ◆ ¿Sabes que Patricia Vega se separa?
   ◆ (Sorpresa) --- .

3. ◆ ¿Qué sabes del nuevo amor de Alejandro Sánchez?
   ◆ (Indiferencia) --- .

4. ◆ ¿Sabes lo último? Han visto a Luis Manuel en actitud muy cariñosa con otra mujer.
   ◆ (Incredulidad) --- .

7. a. (40) Escucha una opinión de un colaborador de un programa de radio sobre la telebasura y marca si estas afirmaciones son verdaderas (V) o falsas (F).

	V	F
1. Los españoles no están de acuerdo con las medidas del Gobierno contra la telebasura.	☐	☐
2. Más de la mitad de los españoles afirma que no ve programas telebasura.	☐	☐
3. Los españoles no confían en que las cadenas de televisión cumplan con las nuevas medidas del Gobierno.	☐	☐
4. Los telespectadores creen que las cadenas públicas ofrecen una programación de calidad.	☐	☐
5. Una solución al problema sería que las cadenas públicas atrajeran a los espectadores con antiguos programas de éxito.	☐	☐
6. Las cadenas emiten programas basura porque son muy baratos de realizar.	☐	☐
7. En general, la mayoría de los padres españoles controlan mucho los programas que ven sus hijos.	☐	☐
8. El Gobierno propone que los llamados programas telebasura desaparezcan de la programación de televisión.	☐	☐

b. 📖 Lee esta carta al director y señala cuál de estos títulos se corresponde con el contenido.

☐ La escasa programación infantil
☐ La responsabilidad es de los padres
☐ Regular los contenidos violentos ¡ya!

El otro día escuché en un programa de radio la opinión de una persona que hablaba sobre el tan traído y llevado tema de la telebasura en horario infantil. Yo creo que existe un poco de histeria colectiva injustificada respecto al uso que los niños hacen de la televisión y a la falta de una programación infantil en la franja de tarde. En mi opinión, los menores ven programas para adultos porque lo hacen en compañía de estos. Durante la semana, muchos niños ven la tele por la noche, fuera del horario protegido, y en este caso, es la presencia de los padres la que determina la programación que ven los niños.

Además, yo me pregunto qué van a hacer con los informativos: ¿se va a dejar de informar sobre aquellas noticias en las que exista, por ejemplo, violencia, si está dentro del horario de protección del menor? Yo considero que se deben controlar los contenidos televisivos para no vulnerar la protección del menor, pero esto no se puede hacer de cualquier modo. No hay que olvidar que estamos en un país libre y democrático.

Ángel Ruiz Peñalver, Guadalajara.

c. 🔊 ¿Cuál es tu opinión al respecto? Anota en tu cuaderno algunos argumentos que sirvan para apoyar tu postura.

d. 🔊 Escribe una carta a un periódico expresando tu opinión sobre este tema. Intenta utilizar estos conectores. No olvides poner un título y tu nombre.

no obstante

incluso

en cambio

sin embargo

de todos modos

Soy un habitual lector de este periódico. El pasado lunes leí una carta sobre la llamada telebasura y quería decir que ....

e. 📖 Pon tu carta en el tablón de la clase y lee las de tus compañeros. ¿Quiénes piensan como tú? ¿Alguna carta te ha sorprendido especialmente? ¿Por qué? Coméntalo con tus compañeros.

8. a. G Completa las siguientes oraciones con las formas del futuro perfecto de estos verbos.

| cerrar | llegar | redactar | despegar | desaparecer |

1. Si salimos temprano, a las cinco .... a Quito.
2. Dentro de treinta años ya nadie escribirá cartas ni postales, seguramente ....
3. Cuando quieras llegar a la tienda ya la ....
4. Dentro de una hora el avión ya ....
5. Cuando vengas a buscarme ya .... el informe que me pediste.

b. G Diego es un joven estudiante al que le gusta imaginar cómo será su vida dentro de unos años. Observa los dibujos y escribe una oración para cada situación. Utiliza el futuro perfecto.

Seguro que dentro de
diez años Raquel y yo ya

....

....

Dentro de dos años

ya ....

....

Y estoy convencido de que
dentro de quince años ya

....

....

¿Y dentro de cuarenta o
cuarenta y cinco años

............................?

¿Y mis hijos ....

............................?

9. V Lee los siguientes titulares de periódico y escribe en qué sección de un periódico podrías encontrarlos.

| sociedad | internacional | cultura | deporte | espectáculos | economía |

Robredo no alcanza las semifinales
del torneo de Rotterdam

....

②

Nueva York recuerda
a Warhol, el padre del
pop-art, con muestras,
desfiles y simposios

....

①

Estreno en Madrid de
la última película
de Almodóvar

....

③

La bolsa de Santiago abre
con ganancias, IPSA vuelve
a acercarse a los 3 000

....

⑤

46 países piden que se prohíban
las minas antipersona en un plazo
máximo de 5 años

....

④

Boda del hijo del presidente
de la mayor empresa española

....

⑥

10. V Lee lo que dicen estas personas y escribe qué tipo de revista les interesa.

_____

Soy profesor en la universidad y me encanta leer. Me interesan las revistas que hablan de los escritores de moda y de las novedades editoriales.

_____

Trabajo con ordenadores y necesito estar al día de las últimas novedades.

_____

Me interesa todo lo que tiene que ver con el medio ambiente, los descubrimientos, el mundo de la ciencia, de la tecnología...

_____

Me vuelven loca todas las plantas. Ya casi no me caben en casa. Ahora quiero plantar fuera unos frutales.

_____

Me encanta la cocina, probar nuevos platos de otros lugares y culturas. Quiero saber más sobre los productos típicos de otros países.

11. a. G Relaciona los elementos de las dos columnas.

1. Como mejor se estudia...   a. ... cenando en un restaurante con su nuevo novio.

2. Me encanta pasear...   b. ... temblando, porque pensaba que me iba a enfadar.

3. Me encontré a Irene...   c. ... diciéndome que no sabías nada de él.

4. Me lo confesó...   d. ... es estando en silencio.

5. Me engañaste...   e. ... hablando con el jefe en tu despacho.

6. Pedro, no entré porque te vi...   f. ... escuchando música.

b. G Transforma las siguientes oraciones empleando el gerundio.

1. Le analicé punto por punto el problema y la convencí.

   La convencí analizando el problema punto por punto.

2. Me rompí la pierna mientras corría por la calle.

   _____

3. Carlos le dio la noticia cuando iban en el coche.

   _____

4. Mientras García estuvo de presidente de la empresa, los beneficios anuales aumentaron considerablemente.

   _____

5. Encontré a Susana cuando salía del aeropuerto.

   _____

6. Se conocieron mientras estudiaban en la universidad.

   _____

12. 41 C Lee este diálogo entre dos amigos que hablan sobre los medios de comunicación e intenta completarlo con las expresiones que faltan. Después, escucha y comprueba.

Lola: Alejandro, no lo dudes. Hoy en día la radio es el medio de comunicación que mejor imagen tiene entre los españoles.

Alejandro: _____ no me puedes negar que la televisión gana a la radio con creces. Poquísima gente escucha la radio.

Lola: _____ . Hay mucha gente que prefiere la radio para estar informada, porque es mucho más objetiva que la televisión.

Alejandro: _____ y las cifras están conmigo. Según la última encuesta del CIS, el 83,1% de los españoles ve la tele a diario.

Lola: Ya, pero la mayoría tiene muy mala opinión de la televisión.

Alejandro: Sí, tendrá muy mala reputación, pero todo el mundo la ve, porque es posible que...

Lola: _____, pero...

Alejandro: _____ . Es posible que la radio sea más educativa, parcial y formativa, pero el siglo xxi es imagen.

Lola: _____ la radio posee unas ventajas: inmediatez, cercanía... que no tiene la televisión.

Alejandro: Sí, sí. Si yo no te lo discuto, pero dime cuánta gente conoces que no vea la tele y que solo escuche la radio.

13. a. Cs Lee el siguiente texto y marca la opción correcta.

1. Según la encuesta, los argentinos prefieren leer:
   a. periódicos.　　　　**b.** revistas.　　　　**c.** libros.

2. Según el texto, los argentinos leen principalmente para:
   a. divertirse.　　　　**b.** informarse.　　　　**c.** aprender.

3. Según la encuesta, más de la mitad de los lectores de diarios:
   a. los compra.　　　　**b.** los lee en la cafetería.　　　　**c.** los consigue gratis.

4. La sección del diario preferida por los argentinos es la de:
   a. economía.　　　　**b.** deportes.　　　　**c.** sucesos.

¿Qué leen los argentinos?

Según una encuesta elaborada por el Ministerio de Educación y realizada en todo el país, el 37% de los argentinos mayores de 18 años lee diarios, libros y revistas. Entre estas opciones, los diarios son la lectura principal de un tercio de la población. Estar informado es la respuesta de la mayoría para explicar por qué leen. Pocos lo hacen para distraerse. El tiempo empleado en esta actividad varía. Los que leen a diario emplean entre 15 y 20 minutos, pero la gran mayoría lo hace el fin de semana, sobre todo, el domingo.

El perfil del lector de diarios corresponde al de un hombre de 26 a 40 años y de nivel socioeconómico alto. De ellos, el 60% por ciento los compra, pero el resto los consigue en el trabajo, los hojea en los cafés o los toma de los puestos gratuitos que hay en los medios de transporte. Los encuestados confesaron que su sección favorita, a la que van directamente, es la de sucesos. Salud, educación, cultura, política, espectáculos y, por supuesto, deportes, despiertan también el interés de los lectores. No sucede lo mismo con la sección de información internacional o de economía, que presenta menos seguidores.

b. Cs ¿Y en tu país, qué crees que suele leer la gente? Escribe un texto en tu cuaderno explicándolo. Puedes buscar en Internet estadísticas o artículos sobre el tema para documentarte.

14. a. 42 P Escucha estas oraciones y fíjate en la entonación.

1. Esta tarde voy al cine.

2. Quieren viajar a Honduras.

3. No como mucha fruta, aunque hago mucho deporte.

4. Tal vez no esté reparado el televisor.

5. No pude ir a clase, porque estaba enfermo.

6. Anoche llovía mucho y hacía mucho frío.

7. No voy a hacerlo después de lo que me dijo.

8. Mañana por la mañana voy a Toledo, pero vuelvo por la tarde.

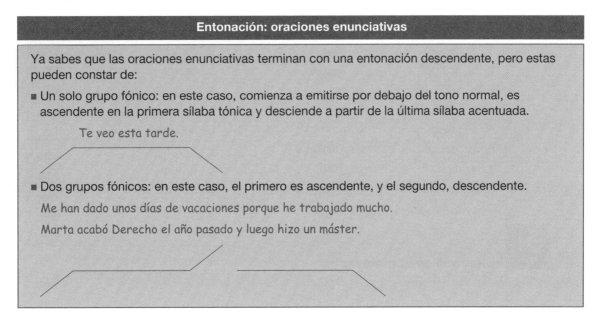

Entonación: oraciones enunciativas

Ya sabes que las oraciones enunciativas terminan con una entonación descendente, pero estas pueden constar de:

■ Un solo grupo fónico: en este caso, comienza a emitirse por debajo del tono normal, es ascendente en la primera sílaba tónica y desciende a partir de la última sílaba acentuada.

Te veo esta tarde.

■ Dos grupos fónicos: en este caso, el primero es ascendente, y el segundo, descendente.

Me han dado unos días de vacaciones porque he trabajado mucho.

Marta acabó Derecho el año pasado y luego hizo un máster.

b. 42 P Escucha de nuevo y repite. Intenta dar a cada oración la entonación adecuada.

c. 43 P Ahora escucha varias oraciones y marca el tipo de entonación que escuches.

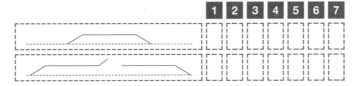

| 1 | 2 | 3 | 4 | 5 | 6 | 7 |

d. 43 P Vuelve a escuchar las oraciones del ejercicio anterior y repítelas intentando imitar la entonación.

Ahora ya puedo...

	😊	😐	☹️
■ hablar de los programas de televisión que me gustan			
■ preguntar y responder por el conocimiento de algo			
■ expresar sorpresa, interés o indiferencia ante una noticia			
■ expresar mi opinión respecto a la programación televisiva			
■ intervenir en un pequeño debate			

Autoevaluación

Lee la opinión de esta persona y marca la opción correcta.

En cuanto (1) _____ a casa, voy a ducharme y a preparar la cena rápidamente, porque cuando (2) _____ el informativo, ponen una serie de documentales en Antena 2 que dicen que son muy interesantes e instructivos. De todos modos, no quiero hacerme ilusiones antes de (3) _____ el programa, porque desde que la competencia entre las cadenas (4) _____ tan fuerte algunos programas han sustituido la calidad y el buen gusto por lo vulgar y lo grosero.

Antes de que (5) _____ tantos canales, tenías menos posibilidades de elegir. Sin embargo, la mayoría de los programas eran buenos.

Además, ahora en cuanto un programa no (6) _____ o no (7) _____ la audiencia esperada, lo cambian de día, de hora o, lo que es peor, en algunos casos, simplemente desaparece.

Hasta que no (8) _____ la actuación de las cadenas o las instituciones y no se (9) _____ la calidad de la programación, prefiero leer un buen libro.

1. **a.** llego	**b.** llega	**c.** llegue
2. **a.** acabara	**b.** acabe	**c.** acabó
3. **a.** ver	**b.** vea	**c.** viera
4. **a.** fue	**b.** sea	**c.** es
5. **a.** haya	**b.** hay	**c.** hubiera
6. **a.** funciona	**b.** funcionara	**c.** funcione
7. **a.** tenga	**b.** tiene	**c.** tuviera
8. **a.** cambia	**b.** cambiara	**c.** cambie
9. **a.** controla	**b.** controle	**c.** controlara

Marca la opción correcta.

1. _____ llegues al hotel, llámame.

    a. En lo que   **b.** En cuanto   **c.** Nada más

2. _____ no estoy muy de acuerdo contigo, reconozco que lo que cuentas es muy lógico.

    a. Aunque   **b.** No obstante   **c.** Sin embargo

3. Ha cambiado mucho _____ es famoso.

    a. después de   **b.** desde que   **c.** hasta que

4. No te preocupes. Te esperaremos _____ termines el trabajo.

    a. hasta hace   **b.** después de que   **c.** hasta que

5. El cantante, muy molesto con la actuación de la prensa, les insultó. _____ intentó arrebatarles las cámaras.

    a. Incluso   **b.** Mientras que   **c.** Sin embargo

6. A mi hermana le encanta ver la televisión. Yo, _____, prefiero escuchar la radio.

    a. en cambio   **b.** de otro modo   **c.** incluso

7. _____ lo dijeran en las noticias, yo ya lo sabía.

    a. Hasta que   **b.** Antes de que   **c.** Antes de

8. Creo que no tendrás problemas para encontrar mi casa. _____, aquí tienes mi número de teléfono por si lo necesitas.

    a. En cambio   **b.** Incluso   **c.** De todos modos

9. Estoy cansadísimo. Voy a irme a la cama .... llegue a casa.

    a. al   **b.** antes de   **c.** en cuanto

En esta unidad vas a practicar:

■ Vocabulario relativo a los problemas de la vivienda:	**1, 2, 3**
■ Introducir una opinión:	**3**
■ Interrumpir:	**3**
■ Pedir a alguien que guarde silencio:	**3**
■ Disculparse por interrumpir:	**3**
■ Reanudar una intervención:	**3**
■ Pedir una aclaración:	**3**
■ Transmitir preguntas:	**4**
■ El estilo indirecto:	**4, 5, 6, 7, 8, 9, 10, 11**
■ Verbos para transmitir palabras de otros:	**5, 6, 7, 9, 10, 11**
■ La entonación de las oraciones enunciativas:	**12, 13**

1. **a.** Lee esta carta al director sobre el problema de la vivienda y marca la opción correcta.

   1. Según el texto, para conseguir una vivienda en España:
      a. se pasan algunas dificultades, pero se acaba encontrando.
      b. hay que esperar a tener treinta años.
      c. es necesario tener bastante dinero y/o estabilidad laboral.

   2. Según el autor, la actitud de los jóvenes ante el problema de la vivienda es:
      a. de rebeldía por los precios tan elevados.
      b. de pasividad, porque se han acostumbrado a la situación.
      c. de inconformismo.

   3. En el texto se afirma que muchos jóvenes para acceder a una vivienda:
      a. tienen que acudir a sus padres para que les garanticen la hipoteca.
      b. se deciden a pedir una hipoteca que puedan pagar.
      c. se trasladan a las grandes ciudades para poder alquilar un piso.

La vivienda en España es un bien de lujo. En condiciones normales, solo está al alcance de unos pocos privilegiados que pueden pagársela al contado, mientras que para el resto de los ciudadanos conseguir un techo supone un auténtico sufrimiento.

Según datos del Consejo de la Juventud de España, viven con sus padres el 30% de los españoles entre 30 y 35 años y el 63% de los que tienen entre 25 y 29. Esto se debe a varios factores que no dependen como creen algunos de la «mentalidad hispana». En nuestro país hay poco trabajo para la gente joven y el trabajo disponible se caracteriza por la temporalidad, con contratos laborales por meses o becas por años que dan la cantidad de dinero justa para pagar un cuarto en un piso compartido, comer a base de ofertas de supermercado y divertirse en casa. Esta situación está tan aceptada entre los jóvenes que cada vez hay menos gente dispuesta a protestar por vivir en esas condiciones de eterno adolescente. Por otro lado, los jóvenes españoles, en muchos casos, para acceder a una vivienda en propiedad tienen que conseguir que los padres pongan sus casas como garantía de que estarán pagando, más o menos, la mitad de los ingresos de toda una vida laboral. O bien, alquilar una vivienda que igualmente se lleva la mitad de sus ingresos debido al elevado precio de los alquileres en las grandes ciudades, únicos lugares, por otra parte, donde existe alguna posibilidad laboral.

Mientras tanto, un simple paseo por las calles de Madrid o Barcelona demuestra que existen multitud de viviendas y edificios vacíos, que en su mayoría pertenecen a personas que prefieren tener sus propiedades vacías antes que alquilarlas y aumentar el número de viviendas disponibles.

Andrés Casas, Granada.

   b. Lee de nuevo el texto y resume su contenido. Después piensa en un título y escríbelo en el lugar correspondiente de 1. a.

   ----

   c. **Cs** Comenta con tus compañeros cuál es la situación actual en tu país con respecto a la vivienda.

2. [V] El movimiento Derecho a un techo ha convocado una manifestación para protestar por la situación actual de la vivienda. Completa las pancartas que están haciendo con las palabras que faltan.

---
digna   desocupadas   inmobiliaria   especulación

suelo   precariedad   sobrevaloradas   hipoteca

Queremos una casa,
no una ....

Una solución YA para
las viviendas ....
Por una vivienda digna para todos. Es un derecho

Viviendas ....,
jóvenes empobrecidos

Derecho a una vivienda ....
NO a la burbuja ....

La vivienda es un derecho,
no un negocio.
NO al alto precio del
....

Contra la ....
y la .... inmobiliaria
Derecho a un techo

3. a. (44) Escucha un fragmento de un programa de radio en el que participan miembros de la plataforma Derecho a un techo y marca si estas afirmaciones son verdaderas (V) o falsas (F).

V F

1. Pilar cree que habría que dar salida a las viviendas que están vacías. ☐ ☐

2. Santiago considera que gracias a los planes de vivienda la situación ya no es tan mala. ☐ ☐

3. Santiago culpa a los jóvenes de la situación actual. ☐ ☐

4. Los tres invitados están de acuerdo en que la situación actual es muy mala. ☐ ☐

b. (44) Vuelve a escuchar la grabación y señala las afirmaciones que son verdaderas.

1. Pilar interrumpe a Santiago y cuando este pide terminar, ella se disculpa.

2. Pilar pide a Santiago que le aclare lo de que muchos jóvenes tienen que tener claro que las viviendas no están en el centro de las ciudades.

3. Juan interrumpe a Santiago porque quiere dar su opinión.

4. Santiago interrumpe a Juan y tras disculparse, Juan vuelve a seguir con su intervención.

5. Tras los primeros comentarios de Pilar y Juan, Santiago interviene para dar su opinión al respecto.

c. (44) [C] Escucha de nuevo la grabación e intenta anotar qué recursos usan los interlocutores para estos casos. Si te resulta un poco difícil, puedes usar la transcripción.

■ Introducir una opinión: ....

■ Interrumpir: ....

■ Pedir a alguien que guarde silencio: ....

■ Disculparse por interrumpir: ....

■ Reanudar una intervención: ....

■ Pedir una aclaración: ....

4. ☐G Aquí tienes una serie de preguntas que se transmiten a otras personas. Completa las oraciones.

1. ¿Has terminado de hacer los deberes de clase?

La madre le preguntó a su hijo _____

2. ¿A qué hora llegará Antonio esta tarde?

Enrique me preguntó _____

3. ¿Has estado alguna vez en Japón?

Su amiga le preguntó _____

4. ¿Cuándo terminarás el trabajo y podremos irnos de vacaciones de una vez?

Su mujer le preguntó _____

5. ¿Cómo es posible que hayan podido desalojar a los *okupas* por la fuerza?

El periodista se preguntaba _____

5. ☐V Completa estas oraciones con alguno de los verbos del cuadro.

informaron	preguntó	comentó	pidió	añadió
negó	amenazó	contó	avisó	prometió

1. Luis nos _____ que había alquilado un piso en un barrio de las afueras porque no pudo encontrar nada en el centro.

2. Arturo _____ a sus padres que le ayudaran a pagar la hipoteca durante los meses en los que no tenía trabajo.

3. El profesor _____ a sus alumnos con que si veía a alguien copiando, le suspendería para todo el año.

4. Mi madre me _____ que quién me iba a ayudar con la mudanza.

5. Ana me _____ todo: la despedida, la boda, la luna de miel, lo del piso…

6. El nuevo alcalde _____ a las asociaciones de vecinos que de ahora en adelante tendría en cuenta todas sus propuestas.

7. Los miembros del comité _____ a la prensa de que iban a convocar una manifestación para el sábado siguiente.

8. Santiago _____ rotundamente que supiera algo del asunto. Además, _____ que se sentía muy ofendido por haber desconfiado de él.

9. Su madre le _____ de que tuviera cuidado y se informara bien, porque el precio de ese piso era demasiado barato.

6. a. ㊺ Luis tiene varios mensajes en el contestador. Su hijo ha cogido los recados mientras jugaba a la videoconsola, así que no se ha enterado de mucho. Escucha los mensajes y tacha la información que no es correcta.

Papá, la abuela llamó ayer para recordarte que el sábado por la noche mi tía Concha celebra su cumpleaños y que tienes que traer la tarta de la pastelería que hay debajo de su casa.

Papá, ayer por la tarde llamó Adolfo y dijo que si le invitas a cenar el domingo. También dijo que se lo digas cuanto antes porque quiere encargar comida japonesa.

Papá, esta tarde ha llamado Claudia y ha dicho que si puedes llevarla al aeropuerto a las dos. No quiere coger un taxi porque dice que son muy caros.

b. ㊺ Escribe en tu cuaderno cómo habrías escrito tú los mensajes. Puedes volver a escucharlos, si es necesario. Después, compáralos con tu compañero.

7. G Cuenta lo que te dijeron estas personas ayer. Puedes usar estos verbos: *prometer, contar, invitar a, recordar, avisar...*

Si me acompañas hoy al dentista, mañana iré contigo de compras.

Cuando llegamos a Montevideo, nos dimos cuenta de que la ciudad había cambiado mucho en estos últimos años.

No puedo ir a comer. Tengo que terminar el informe antes de mañana porque mi jefe lo necesita para la reunión.

No, de verdad que no ha llamado nadie preguntando por ti.

No te preocupes, no se lo contaré a nadie.

El viernes haremos una fiesta en casa. ¿Te apetece venir? La fiesta empezará como a las nueve.

Por favor, que no se te olvide traerme mañana el diccionario y los apuntes para el examen del jueves.

No sé, tú verás, pero a mí ese asunto me da mala espina. Yo que tú me informaba mejor y después tomaba una decisión.

1. Javier dijo que _____

2. Mi hermana _____

3. Mis padres _____

4. Mis vecinos _____

5. Mi amiga _____

6. Mi compañero de piso _____

7. Mi hermano mayor _____

8. Mi compañero de alemán _____

8. [G] **Lee estas oraciones y escribe cuáles pudieron ser las palabras originales.**

1. Antonio me dijo ayer que le gustaría ir conmigo al cine, pero que no podía porque al día siguiente tenía un examen.

   Antonio: «_____».

2. Lola nos dijo que para el lunes ya habría terminado todos sus exámenes y podríamos salir a celebrarlo.

   Lola: «_____».

3. Mi abuela me prometió que aquel anillo sería para mí.

   Mi abuela: «_____».

4. Su padre le aconsejó que estudiara más y no pensara tanto en salir con los amigos.

   Su padre: «_____».

5. El médico le recomendó que dejara de fumar e hiciera más ejercicio.

   El médico: «_____».

9. [G] **Blanca se perdió ayer un capítulo de *Amigos*, su serie favorita. Este es el guión de las escenas del final. Léelo y cuéntale lo que pasó.**

Escena 50

Marta: Oye, Alicia, ¿conoces a alguien que alquile un piso? Es que termina el contrato del mío y mi casero quiere el piso para su hija, así que no me lo quiere renovar. Y tengo un mes para marcharme.

Alicia: Pues precisamente me encontré el otro día a Jorge, mi ex, y me dijo que estaba buscando a alguien para compartir piso. Es que le han subido el alquiler y le cuesta llegar a fin de mes.

Marta: ¡Anda! ¡Qué casualidad! ¿Y me puedes dar su número de teléfono?

Alicia: Claro. Mira, aquí está, apunta... Pues estaría genial que te alquilara la habitación a ti, porque así me podrás contar si sale con alguien. Es que no consigo olvidarme de él.

Marta: No sé, Alicia. Yo no voy a ser tu espía, ¿eh?

Alicia: Bueno, bueno... Tú llama y ya veremos.

Escena 51

Marta: ¿Jorge?

Jorge: Sí, soy yo.

Marta: Hola, mira, no me conoces. Me llamo Marta y soy compañera de trabajo de Alicia.

Jorge: ¡Ah, sí! Dime.

Marta: Mira, es que el otro día hablando con Alicia me dijo que estabas buscando a alguien a quien poder alquilar una habitación, y es que yo estoy buscando casa.

Jorge: Ah, muy bien. Pues si quieres podemos quedar esta tarde para que veas la casa.

Marta: Estupendo, porque me corre un poco de prisa. ¿Te parece bien que me acerque sobre las cinco?

Jorge: Muy bien. Te espero aquí.

Escena 52

Marta llega a la casa de Jorge y llama al telefonillo. Jorge abre. Marta sube y llama al timbre. Jorge abre la puerta y ambos se quedan mirándose sorprendidos. Durante unos segundos se están mirando, finalmente él la invita a pasar.

Jorge: Malena, no me lo puedo creer. ¿Eres tú? ¿Qué haces aquí? ¿Dónde has estado todo este tiempo? ¿Por qué te has cambiado de nombre?

(Marta rompe a llorar. Se abrazan.)

Jorge: No llores. No volveremos a separarnos nunca más.

Marta: ¿De verdad? No sabes lo que han sido estos años sin ti.

Oye, cuéntame qué pasó ayer en el capítulo de *Amigos*. Es que estaba tan cansada que me quedé dormida y no vi el final. Creo que lo último que vi fue cuando Alicia y Marta están hablando en la cocina del trabajo.

Uy, pues estuvo interesantísimo. Resulta que Marta _____,

porque terminaba el contrato del suyo y _____

y Alicia le dijo que _____

_____, así que le dio el número de teléfono. Además, _____

de su ex y que si ella _____ .

A Marta no le pareció muy buena idea lo de espiar al ex, pero decidió llamarlo.

Habló con él y _____

Y resulta que cuando él abrió la puerta, se quedaron los dos mirándose fijamente como si

se conocieran. Él _____ y le _____ .

Ella rompió a llorar, se abrazaron y él _____ .

10. a. [G] **Lee esta conversación sobre una mudanza y escribe el mensaje de correo electrónico sobre el que hablan.**

- ◆ Ayer recibí un correo de mi hermana preguntándome si les puedo echar una mano en la mudanza.
- ◆ ¿Y qué le has dicho?
- ◆ Todavía no he contestado. La verdad es que estoy muy cansada, pero los pobres tienen un buen lío.
- ◆ ¿Y por qué no le dices que tú te ocupas de los niños?
- ◆ Sí, si lo insinúa en el correo. Pero es que no sabes cómo son mis sobrinos. Casi prefiero subir y bajar cajas.
- ◆ Pues, chica, creo que tienes pocas opciones.
- ◆ Me temo que sí. La verdad es que la pobre dice que está harta de tanta mudanza en tan pocos meses. Además, me comenta que los niños lo están pasando un poco regular por el cambio de coles y de amigos en tan poco tiempo.
- ◆ No me extraña. Es que para ellos tiene que ser muy duro.
- ◆ Pues sí. De todas formas, me dice que cree que va a ser el último traslado en mucho tiempo, porque, por lo visto, a mi cuñado le han dicho en su trabajo que este puesto va a ser más estable. A ver qué pasa.
- ◆ Ya. ¿Y la mudanza la van a hacer el sábado y el domingo?
- ◆ Por lo visto, tienen pensado trasladar todas las cosas el sábado, porque, además, me pide que me lleve el coche para hacerla más rápido, y el domingo quieren dejarlo para colocarlo todo. Así que tendría que echarles una mano durante todo el fin de semana. La verdad es que la pobre me lo pide muy apurada porque sabe que estoy muy cansada, pero es que necesitan que alguien les eche una mano. Me promete que si les ayudo, me lo va a recompensar yéndonos las dos un fin de semana a un balneario.

Para:	Belén (ofi)
CC:	
Asunto:	Mudanza

b. Lee lo que ha escrito tu compañero y corrígelo si es necesario.
¿Se parece lo que habéis escrito?

11. a. ▢ Ordena esta entrevista realizada a un joven que pertenece al movimiento *okupa* numerando las respuestas.

◆ ¿Puedes hablarnos de la historia de la *okupación* en España?	◆ Bueno, es bastante variada. En la prensa el tema cada vez tiene más incidencia. La sociedad lo ve en general cada vez mejor. Pero todavía hay mucha gente que lo critica y lo seguirá criticando.	5
◆ ¿Cuál es el principal objetivo de los *okupas*?	◆ En los centros sociales *okupados* se realizan actividades de todo tipo: talleres, conciertos, obras de teatro, clases de idioma, de baile, viveros, bibliotecas, todas las actividades en las que pueda participar la juventud.	▢
◆ ¿Siempre se utiliza la vivienda con la finalidad de vivir en ellas?	◆ Bastante esperanzador porque, de hecho, cada vez están creciendo en número y en capacidad para crear, para reaccionar, para accionar.	▢
◆ ¿Qué tipo de actividades se realizan en las viviendas *okupadas*?	◆ Denunciar la especulación inmobiliaria. Solo en Madrid, hay más de 250 mil viviendas vacías. Consideramos que esas viviendas deben servir para que viva la gente.	▢
◆ ¿Qué nivel de incidencia social y de simpatía tienen los movimientos *okupa* en la sociedad española?	◆ La *okupación* en España comenzó hace más de sesenta años. Ahora, la historia del movimiento de *okupación* como estrategia organizada surgió hace quince años.	▢
◆ ¿Cómo ves el futuro del movimiento *okupa*?	◆ No siempre, porque nosotros reivindicamos la *okupación* como derecho a la vivienda, pero también está la reivindicación de la *okupación* como derecho a realizar una serie de actividades.	▢

b. ▢ Vuelve a leer la entrevista y subraya la información que te parezca más importante o interesante.

c. ◁▤ G Ahora, completa esta conversación resumiendo el contenido de la entrevista que acabas de leer.

◆ ¿De qué estáis hablando?

◆ Del desalojo de los *okupas* que vivían en la fábrica de Barcelona.

◆ Pues precisamente esta mañana he leído una entrevista en el periódico a una persona que pertenece al movimiento *okupa*.

◆ ¿Ah, sí? ¿Y qué decía?

◆ --

----

12. a. 46 P Escucha estas oraciones y fíjate en la entonación. ¿Notas alguna diferencia entre unas y otras? ¿Podrías clasificarlas en tres grupos según la entonación que se les da?

1. Los verbos es lo más difícil del español.

2. No tengo tan claro que vaya a venir.

3. Muchos lunes no viene a trabajar…

4. Creo que ese restaurante es un poco caro.

5. Felipe se arregla mucho últimamente…

6. La situación laboral de la mujer tiene que cambiar ya.

7. El precio de la vivienda es abusivo.

8. Tengo entendido que alquilar en esta zona es imposible.

9. Sales mucho a comer con Juan…

Grupo 1 ↓↓	Grupo 2 ↓	Grupo 3 ↑

b. P Compara tus resultados con tu compañero. ¿Coincidís? ¿Podríais explicar qué diferencias notáis entre la entonación de unas oraciones y otras?

c. 46 P Vuelve a escuchar y repite.

13. 47 P Escucha estas oraciones y repite.

1. Me levanto, hago un poco de ejercicio, me ducho y desayuno.

2. Juan estudia Medicina, Sofía Periodismo y Pablo Filología.

3. De primero tenemos: sopa de pescado, lentejas, ensalada mixta, gazpacho…

4. Voy al gimnasio, hago yoga y nado.

5. Corta la tela, pega la cartulina y haz un agujero en el centro.

6. Ve a la cocina, coge un poco de agua y riega las plantas.

> **Entonación: oraciones enunciativas**
>
> ■ Cuando afirmamos algo de forma categórica o rotunda, el descenso final es más pronunciado que en una oración enunciativa normal.
>
> ◆ El hombre es el responsable del cambio climático. ↓↓
>
> ■ En cambio, cuando decimos algo con duda o con tono de incertidumbre, el descenso final no es tan bajo.
>
> ◆ Creo que Marta está enfadada contigo. ↓
>
> ■ Cuando decimos algo y dejamos que sea nuestro interlocutor el que interprete lo que realmente queremos decir, en el tono final de la oración se produce una breve ascensión, en lugar de un descenso.
>
> ◆ Llamas mucho a Marta últimamente… ↑

> **Entonación: oraciones enunciativas**
>
> ■ En las enumeraciones descriptivas, cuando enumeramos algo que es familiar para nosotros, el tono de la última sílaba acentuada se eleva.
>
> ◆ Mi casa tiene tres habitaciones, dos baños, un salón y una coci↑na.
>
> ■ En las enumeraciones distributivas, cada miembro de la enumeración consta de dos partes; la primera de ellas tiene al final una entonación ascendente y la segunda una entonación descendente.
>
> ◆ Marta↑ quiere ir al cine↓, Juan↑ al circo↓ y Rodrigo↑ al parque↓.

Ahora ya puedo…

	☺	😐	☹
■ hablar sobre los problemas de la vivienda			
■ intervenir en un pequeño debate			
■ contar lo que otros han dicho			
■ resumir una entrevista			

Autoevaluación

Lee el siguiente texto y marca la opción correcta.

Los niños y las mudanzas

Mudarse a una comunidad nueva puede ser una de las experiencias de mayor estrés para la familia. Las mudanzas frecuentes, o incluso una sola mudanza, pueden (1) _____ especialmente difíciles para un niño o un adolescente. Los estudios demuestran que es posible que los niños que se mudan con frecuencia (2) _____ problemas en la escuela. Las mudanzas son aún más difíciles si están acompañadas por otros (3) _____ significativos en la vida del niño, tales como el divorcio, la pérdida del ingreso familiar o la necesidad de un cambio de escuela.

La mudanza interrumpe las amistades. A un niño nuevo en una escuela, al principio le puede parecer que (4) _____ los demás tienen un amigo preferido o que otros tienen sus grupitos de amigos selectos. El niño tiene que adaptarse a nuevos profesores y en ciertas clases se puede encontrar más adelantado o más (5) _____ que los otros. Esta situación puede causarle estrés, ansiedad y aburrimiento.

En general, cuanto mayor sea el niño, más (6) _____ se le hará el mudarse, porque su grupo de amigos tiene una gran importancia para él. Los adolescentes protestarán repetidamente por la mudanza y pedirán permiso para quedarse con algún familiar. Puede que algunos jóvenes no (7) _____ acerca de su aflicción, de manera que los padres tienen que estar alerta a algunas señales de aviso sobre una posible depresión, incluyendo cambios en el apetito, retraimiento social, fracaso (8) _____, irritabilidad y otros cambios dramáticos en el comportamiento o del humor.

---

1. **a.** haber   **b.** ser   **c.** suponer
2. **a.** tengan   **b.** tienen   **c.** tenían
3. **a.** acciones   **b.** cosas   **c.** cambios
4. **a.** todos   **b.** otros   **c.** unos
5. **a.** ocupado   **b.** atrasado   **c.** regresado
6. **a.** difícil   **b.** fácil   **c.** adecuado
7. **a.** hablarían   **b.** hablan   **c.** hablen
8. **a.** oral   **b.** escolar   **c.** integral

2.

48 Escucha esta noticia en la que se habla sobre el desalojo de unos *okupas* en Barcelona y marca la opción correcta.

1. Los *okupas* opusieron resistencia al desalojo.
    a. Verdadero.   **b.** Falso.

2. En la fábrica había más de un centenar de personas.
    a. Verdadero.   **b.** Falso.

3. Los *okupas* salieron dos horas después de la llegada de la Policía.
    a. Verdadero.   **b.** Falso.

4. La nave estaba ocupada solo por gente de un circo.
    a. Verdadero.   **b.** Falso.

5. Algunos jóvenes utilizaban la nave para patinar porque no pueden hacerlo en la calle.
    a. Verdadero.   **b.** Falso.

6. Los *okupas* habían recibido con anterioridad una orden de desalojo.
    a. Verdadero.   **b.** Falso.

En esta unidad vas a practicar:

1. a. ▢ Lee el siguiente texto sobre los cursos en línea y haz un resumen con tus propias palabras de las ventajas que se mencionan.

Los pros y los contras de la enseñanza en línea

Últimamente en España han proliferado las empresas, universidades, escuelas, etc., que ofrecen cursos de formación en línea. Pero, ¿cuáles son sus ventajas y sus desventajas?

Empecemos por las ventajas. La enseñanza en línea permite una atención personalizada. Cada estudiante tiene unas necesidades que no siempre coinciden con las del resto. Unas veces precisa de apoyo en materias concretas. Otras su progresión es más rápida. O quizá se encuentra con un determinado módulo que no le interesa conocer. La tendencia en los programas virtuales es adaptarse en contenidos, plan y metodología a las demandas del cliente.

Además, el anonimato es un incentivo para aquellos estudiantes poco dados a la participación cuando se trata de clases presenciales. Los alumnos más tímidos no se sienten intimidados en el campus virtual por sus compañeros más desinhibidos. Exactamente lo mismo ocurre a los alumnos con dificultades de aprendizaje que son particularmente propensos al abandono. No ocurre así en entornos de enseñanza flexibles basados en las tecnologías de la información, propicios a la personalización y adaptables al ritmo de estudio de cada persona. Además, un contacto y debate basado en la escritura permite que todos puedan participar, expresar ideas y plantear dudas. Aunque a un cliente que duda no es fácil convencerlo si no se le ofrece un argumento tan contundente como el precio. La etapa en la que se tuvo que hacer frente a fuertes inversiones para crear de la nada plataformas tecnológicas funcionales y útiles ha quedado atrás. Muchas escuelas en línea tienen la tecnología asentada y ha llegado el momento de lanzar ofertas y descuentos que atraigan estudiantes. Se estima que el *e-learning* actualmente es un 50% más barato que antes.

Precisamente, la calidad es el gran desafío del sector y una de las desventajas que ven muchas personas, aunque ya son muchas las empresas y los particulares que han tenido experiencias en este tipo de programas y, por tanto, tienen claro cuáles son los factores que determinan un servicio satisfactorio. En cualquier caso, el prestigio del centro es a día de hoy lo que más influye en la elección de un curso concreto, o al menos eso ha concluido el Centro de Estudios Financieros en un reciente estudio realizado al respecto.

Otras desventajas que podemos mencionar son…

Ventajas de la enseñanza en línea

b. ㊾ Escucha lo que dicen estas personas sobre los cursos en línea y relaciona cada oración con la persona que le corresponde.

Pancho

1. Cree que, para la poca diferencia de dinero que hay entre un tipo de enseñanza y otro, es mejor hacer un curso presencial.

2. Opina que este tipo de cursos exige más fuerza de voluntad.

3. Los contenidos del curso que hizo se ajustaban a sus necesidades.

4. Cree que el autoaprendizaje es difícil.

5. Opina que es la mejor oportunidad que tiene alguien que trabaja para seguir formándose.

6. Gracias a los cursos en línea puede estudiar, ya que donde vive no tiene posibilidades de hacerlo.

7. No tiene muy claro qué ayuda puede ofrecer un tutor, si alguien no puede seguir el ritmo porque el nivel del curso o de sus participantes es más alto.

8. Aconseja que antes de matricularse en un curso hay que informarse bien y leer opiniones de otra gente.

9. Una de las desventajas que ve en este tipo de cursos es la incapacidad que tiene mucha gente para resolver los problemas técnicos.

Ana

Mayte

Laura

c. ⊂ Deja tu opinión sobre el tema en el contestador del programa.

d. ㊾ Termina en tu cuaderno el texto de 1. a. con las desventajas de este tipo de enseñanza. Puedes volver a escuchar las opiniones anteriores para coger ideas.

2. Ԍ Completa estas oraciones con los recursos del cuadro. Hay varias posibilidades.

1. El trabajo final de curso no lo podré presentar, _____ mi tutor me dé un poco más de plazo.

2. Nunca me matricularía en un curso en línea, _____ lo necesito para ascender en mi trabajo.

3. Este fin de semana intentaré conectarme e intervenir en el foro _____ tenga conexión. Es que últimamente estamos teniendo muchos problemas.

4. Haré el curso _____ la empresa pague más de la mitad de la matrícula.

5. Al final, creo que no voy a hacer el máster, _____ me concedan la beca.

6. Vale, haré el curso _____ lo hagas tú también.

con tal de que
siempre que
siempre y cuando
salvo que
a no ser que
salvo si
excepto si

3. [V] Relaciona un elemento de cada columna.

1. Navegar por   a. un documento
2. Bajar   b. el antivirus
3. Adjuntar   c. el ordenador
4. Instalar   d. *intro*
5. Pulsar   e. Internet
6. Insertar   f. música de Internet
7. Reiniciar   g. una tabla
8. Pasar   h. un programa

4. 🔊 Escucha una conversación en la que una persona está recibiendo instrucciones de otra. ¿Qué crees que está aprendiendo a hacer? Selecciona la opción correcta.

☐ Está enviando una foto desde un teléfono móvil a otro.

☐ Está imprimiendo unas fotos del ordenador.

☐ Está descargando unas fotos de la cámara digital para guardarlas en el ordenador.

☐ Está aprendiendo a guardar fotos en el MP4.

5. a. 📖 [G] Estás haciendo un trabajo en el ordenador y te han surgido estos problemas. Esto es lo que tienes que hacer para solucionarlos. Lee las instrucciones y escríbelas ordenadas en el lugar correspondiente.

Primero, se debe comprobar si la configuración de la impresora es correcta.	Primero, se hace clic en la barra de herramientas donde pone *insertar* y se abre una ventana donde aparecen todas las posibilidades.
Después, se pone el ratón en *imágenes* y se despliega otra ventana. Se pulsa *desde archivo*. En la pantalla aparecerán todas las imágenes que se hayan guardado en una carpeta.	Por último, se hace clic en el nombre de la impresora que se quiere utilizar en el cuadro *nombre*.
Luego, se selecciona la imagen deseada, se pulsa en *insertar* y ya debería aparecer la imagen en el texto.	Y por último, se hace doble clic sobre la imagen, si se desea modificarla en tamaño y diseño.
Para ello, primero se pulsa sobre *archivo* y después se hace clic en *imprimir*.	Si la configuración es correcta, se debe comprobar que la impresora seleccionada coincide con la que se está utilizando.

No sé insertar una imagen en un texto.	La impresora no imprime.

b. [C] Piensa en tres cosas que puedes hacer con un ordenador y escribe algunas instrucciones para cada una de ellas. Luego, lee las instrucciones que ha escrito tu compañero e intenta adivinar para qué sirven. Gana el que más acciones haya acertado.

6. [V] ¿Cuáles de estos objetos te llevarías a cada uno de estos lugares? Escríbelo.

> deportivas   forro polar   biquini   gorro de lana   callejero
>
> sandalias   chubasquero   chándal   botas   bronceador   mochila
>
> sombrilla   guía de museos   traje   toalla   vaqueros

-----------------------------   -----------------------------   -----------------------------

-----------------------------   -----------------------------   -----------------------------

-----------------------------   -----------------------------   -----------------------------

7. a. [V] Vas a hacer un viaje con unos amigos por Costa Rica. Señala cuáles de estas cosas te llevarías. Busca en el diccionario las palabras que no conoces. Puedes añadir más.

- ☐ repelente de mosquitos
- ☐ agenda con teléfonos útiles
- ☐ botiquín
- ☐ mosquitera
- ☐ antialérgico
- ☐ mapas
- ☐ linterna
- ☐ botas altas
- ☐ brújula
- ☐ seguro de viaje
- ☐ cantimplora
- ☐ Otros: _____

b. [G] Como eres una persona muy previsora, decides escribir un correo a tus amigos contándoles todo lo que deberían llevar. Completa este mensaje de correo.

Para:	La_pandi
CC:	
Asunto:	Por si acaso...

Hola, chicos:

Ya sé que pensaréis que ya estoy con los «por si acaso», pero es que en un viaje suelen surgir muchos imprevistos y hay que estar preparados. Así que he hecho una lista de cosas que creo que deberíamos llevarnos por si acaso.

Creo que deberíamos llevar _____ por si _____ .

También sería adecuado meter en la maleta _____ no vaya a ser que _____ . Tampoco deberíamos olvidarnos de _____ por si acaso _____ y, por supuesto, también deberíamos llevar _____ .

Pienso que con todo esto iremos bien equipados para nuestra aventura.

Un abrazo,

_____

8. a. ☐ Estos anuncios han aparecido hoy en la prensa, pero ha habido un problema con las negritas. Léelos y marca la información que creas que debería aparecer destacada.

CURSOS INTENSIVOS DE ESPAÑOL - PALMA DE MALLORCA

Consciente de las necesidades reales del cliente, Rexon Formación proporciona cursos intensivos de español para fines específicos. El cliente elige la duración, el horario y la fecha de comienzo.

Nuestros cursos intensivos se realizan en las instalaciones del cliente con las ventajas que esto conlleva con relación al tiempo real invertido en el curso, desplazamientos, horarios y comodidad para los alumnos.

Rexon Formación también ofrece cursos de español con fines específicos en verano en las aulas que Rexon tiene en Mallorca durante los meses de junio, julio y agosto. Además, ofrecemos cursos de preparación para los exámenes DELE.

Para más información sobre nuestros cursos, póngase en contacto con el equipo de Rexon Formación: info@rexonformacion.com

Academia de idiomas Frida School en Ciudad de México

Si buscas un curso de español, nuestras escuelas ofrecen cursos de alta calidad en tres lugares diferentes de México: Ciudad de México, Playa del Carmen y Oaxaca. Puedes asistir a clases en una sola escuela o dividir el curso de español entre las tres escuelas de México.

Si no sabes con certeza dónde te gustaría estudiar o quieres que te aconsejemos sobre las diferentes formas de aprender español en México, no dudes en contactar con nosotros.

Nuestros cursos:

■ Curso intensivo de español: Este curso consta de 20 o 30 clases a la semana. Es el favorito de los alumnos, pues permite disfrutar de horas libres, aunque también es lo bastante intensivo como para hacerte aprender mucho.

■ Cursos combinados de español: Estos cursos son una combinación del curso intensivo de español con clases particulares. Las clases particulares se pueden emplear para aprender aquello que más necesitas -quizás quieres estudiar para un examen específico, o aprender el tipo de español que necesitas en tu trabajo-. Elige lo que quieres aprender.

■ Curso de español Intensivo Plus: Este curso, de 30 clases a la semana, es una excelente elección si estás en México poco tiempo, pero quieres aprender mucho español. El curso consiste en 20 clases en grupos reducidos, con un máximo de 5 alumnos por clase, más 10 clases particulares a la semana.

b. 51 G ¿Qué tipo de curso necesitan estas personas? Escucha y completa la información.

Robert necesita un curso que prepare para los exámenes DELE.

Anna busca una escuela que

Carlos quiere una escuela que

Sheila busca una escuela que

----

c. ◁ 🅲 ¿Cuál de las escuelas de 8. a. recomendarías a cada uno? ¿Por qué? Escríbelo.

1. A Robert le recomendaría que fuera a ---

   porque ---

2. A Anna --

   ----

3. A Carlos --

   ----

4. A Sheila --

   ----

d. ◁ Si tuvieras la posibilidad de realizar un curso en una de las escuelas anteriores, ¿cuál elegirías? ¿Por qué? Escríbelo.

   ----

9. 🅖 Completa las siguientes oraciones con la forma correcta del verbo.

1. Carlos quiere comprarse un coche que (tener) ---------------------- DVD.

2. Ana tiene una casa que (estar) ---------------------- cerca del centro.

3. Estoy buscando unos zapatos que (ser) ---------------------- muy cómodos.

4. No conozco a nadie que (hablar) ---------------------- ruso.

5. Los estudiantes que se (licenciar) ---------------------- el año que viene podrán acceder a la bolsa de trabajo.

6. ¿Sabes de alguien que (poder) ---------------------- ayudarme con esta traducción?

7. En esta oficina no hay ningún empleado que se (apellidar) ---------------------- Bermejo.

8. Vamos a cenar al restaurante que me (gustar) ---------------------- tanto.

9. Busco al dependiente que me (atender) ---------------------- ayer.

10. ¿Has visto la casa que (alquilar) ---------------------- Julio?

11. ¿Conoces a la chica que (vivir) ---------------------- en el 5.° A?

12. Necesito un ordenador portátil que (tener) ---------------------- conexión a Internet.

10. ◁ 🅖 Amanda está buscando una persona para compartir piso. Lee la información sobre sus gustos y costumbres y escribe un anuncio para encontrar un compañero adecuado para ella.

■ Le gusta levantarse pronto.

■ Le molesta mucho el ruido.

■ Es muy ordenada.

■ Tiene un gato.

■ Por la noche, le apasiona sentarse a ver series de televisión.

■ Los domingos por la mañana se levanta muy temprano y hace aeróbic en el salón.

Busco compañero/a para compartir piso que ---

----

11. a. 📖 Cs Lee esta información sobre revistas dedicadas a la enseñanza del español como lengua extranjera y completa la tabla. En algunos casos, hay varias posibilidades.

Revistas de español

■ **Español ¡Ya!** www.hotenglishmagazine.com
Es una revista mensual para aprender y practicar español. Incluye artículos de prensa, explicaciones gramaticales, ejercicios y vocabulario.

■ **Cuadernos Cervantes** www.cuadernoscervantes.com
Revista dirigida a profesores, estudiantes y usuarios del español. Sus contenidos habituales incluyen: reportajes sobre la situación del español en el mundo, entrevistas, análisis de materiales didácticos, información bibliográfica, agenda de actividades, enlaces a páginas con actividades…

■ **Materiales** www.sgci.mec.es/usa/materiales
Revista con actividades para la clase de español publicada por la Consejería de Educación en Estados Unidos y Canadá. Cada uno de sus números es un monográfico sobre temas diversos (las ciudades, la vida familiar, fiestas y celebraciones, etc.) con actividades basadas en materiales auténticos publicados en español y en contenidos culturales y socioculturales.

■ **ECOS de España y Latinoamérica** www.ecos-online.de
Revista publicada mensualmente en Alemania, Austria y Suiza. Además de secciones de política, cultura, economía, entrevistas, viajes, gastronomía, etc., también incluye una amplia sección de gramática, con un apartado dedicado al español del mundo del trabajo. Aunque para poder realizar la mayoría de los ejercicios hay que suscribirse, se puede acceder gratuitamente a algunos en la sección «idioma».

	Español ¡Ya!	Cuadernos Cervantes	Materiales	Ecos de España y Latinoamérica
Cada número de la revista se centra en un único tema.				
Publica un número al mes.				
Publica entrevistas.				
Para tener acceso a todos los ejercicios hay que suscribirse.				
Presenta actividades basadas en contenidos socioculturales.				
Revista para profesores y estudiantes.				
Recoge artículos de prensa.				
Dedica una sección a la gramática.				

b. G Relaciona un elemento de cada columna.

1. Te recomiendo la revista *Materiales*…

2. Voy a suscribirme a la revista *ECOS*…

3. Consultaré la página de *Cuadernos Cervantes*,…

4. De momento utilizaré la entrevista publicada en *ECOS*,…

a. … salvo que encuentre otra mejor para nuestro trabajo.

b. … excepto si en *Dónde dice...* encuentro algún artículo sobre el tema que me pueda servir.

c. … siempre y cuando sigas trabajando en Tennessee.

d. … siempre que no cueste demasiado.

c. 🗨 ¿Cuál de las revistas anteriores te parece más interesante? ¿Por qué? Coméntalo con tus compañeros.

12. a. 52 P Escucha estas oraciones y fíjate en la entonación.

1. Le agradecería que no fumara.

2. Quisiera hablar con el director de la escuela.

3. Te ruego que no grites.

4. Te agradecería que abrieras la ventana.

5. Quisiera ver los resultados del examen.

6. Le pediría que fuera más correcto.

Entonación de las expresiones de ruego y de petición
La entonación de las expresiones de ruego y petición es muy similar a la de las oraciones exclamativas, pero en las expresiones de ruego y petición la voz al llegar a la sílaba acentuada de la palabra en la que se apoya la petición, se eleva:

b. 52 P Vuelve a escuchar las oraciones anteriores y repítelas intentando imitar la entonación.

◆ Te **rue**go que me dejes pasar.

◆ Te **pi**do que seas más comprensivo.

13. 53 P Escucha y fíjate en la entonación de estas oraciones.

1. Levántate más temprano y así llegarás a tiempo.

2. Calla, que este debate está muy interesante.

3. Más despacio, por favor.

4. Ven rápido, que te lo vas a perder.

Entonación de las expresiones de mandato
La entonación de las expresiones de mandato tiene también rasgos similares a la entonación de las oraciones exclamativas y, al igual que las expresiones de ruego y petición, la voz se eleva en la sílaba acentuada de la palabra en la que se apoya el mandato:

◆ Si**len**cio.

◆ **Di**me tu nombre.

14. a. C Ahora, escribe estas oraciones en la columna correspondiente de la tabla.

1. Os agradecería que me comprarais el periódico.

2. Te ruego que tengas paciencia.

3. Llamadme en cuanto lleguéis.

4. ¡Tú hazle caso!

5. Quisiera que me trajera la cuenta, por favor.

6. No fumes tanto.

Hacer un ruego	Hacer una petición	Dar un mandato

b. 54 P Escucha las oraciones anteriores y repítelas intentando imitar la entonación.

Ahora ya puedo...

☺ ☹ ☹

	☺	😐	☹
■ describir las características de un curso en línea			
■ hablar de las ventajas y desventajas de la enseñanza en línea			
■ dar y entender instrucciones			
■ hablar de temas relacionados con los ordenadores e Internet			
■ hablar de qué se va a hacer ante una situación imprevista			

Autoevaluación

Lee este mensaje de correo electrónico y marca la opción correcta.

Para: Julia

CC:

Asunto: Cursos de idiomas

Hola, Julia.

¿Qué tal va todo por ahí? No sé si sabes que estoy haciendo un curso (1) _____ para prepararme para el *Oberstuffe*. Estoy muy contenta con el curso. Mis profesores son todos (2) _____ y me gustan un montón las clases. Además, la escuela ofrece un curso (3) _____ de alemán orientado al mundo del trabajo que también estoy haciendo, porque tiene varios módulos de turismo. Es muy cómodo porque, al no tener horarios, lo puedes hacer cuando puedes.

Julia, aquí también tienen cursos de inglés general y de fines específicos, ¿por qué no te animas? Todos los profesores que (4) _____ estas clases son nativos y hay varios niveles: desde (5) _____ absoluto hasta perfeccionamiento. El próximo mes empieza un curso que parece que lo han hecho para ti. (6) _____ por la mañana y actividades por la tarde. (7) _____ prefieras participar en las charlas en inglés que se organizan todas las tardes en los jardines de la escuela, puedes hacer senderismo, excursiones a pueblos cercanos, cursos de cocina... Como ves, puedes (8) _____ el estudio con la diversión.

Si quieres tener más información, (9) _____ su página web: www.idiomafacil.com. Puedes hacer una visita virtual que te permitirá acceder a todas las (10) _____ del centro. Si vas a la sección de inglés, puedes (11) _____ el programa *At home*. Con él puedes practicar inglés gratis durante un mes en una clase virtual. (12) _____, creo que se ajusta a lo que estabas buscando, ¿no? Ya me dirás qué te parece su página web.

Hasta pronto,

Teresa

P.D.: Ah, si decides venir, no olvides meter en la maleta el (13) _____; a veces llueve un poquito, pero no hace frío.

---

1. **a.** intenso **b.** intensivo **c.** intensificado
2. **a.** nativos **b.** extranjeros **c.** originales
3. **a.** presencial **b.** en línea **c.** tecnológico
4. **a.** impartieran **b.** impartan **c.** imparten
5. **a.** principiante **b.** ignorante **c.** desconocido
6. **a.** Horas **b.** Clases **c.** Aulas
7. **a.** Por si **b.** Salvo si **c.** Salvo que
8. **a.** comparar **b.** familiarizar **c.** compaginar
9. **a.** visita **b.** ve **c.** descárgate
10. **a.** facultades **b.** organizaciones **c.** instalaciones
11. **a.** subirte **b.** descargarte **c.** desinstalar
12. **a.** Por fin **b.** En total **c.** Resumiendo
13. **a.** albornoz **b.** chubasquero **c.** chaquetón

Recuerdos del curso

En esta unidad vas a practicar:

■ Proponer y sugerir una actividad y aceptar o rechazar una propuesta:	1, 2, 3
■ Hablar de los cambios que se han experimentado:	4
■ El uso del indicativo y del subjuntivo con verbos de percepción:	5
■ Describir una obra de arte:	6, 10
■ Vocabulario relacionado con los colores:	7, 8
■ Valorar una obra de arte:	9, 10
■ Expresar sentimientos:	11
■ Hablar de tu experiencia de aprendizaje:	12
■ Expresar deseos referidos al pasado:	12
■ La entonación de las oraciones interrogativas:	13, 14

1. a. 🔵 55 Escucha a un grupo de amigos haciendo planes para un puente y señala cuáles de estas cosas proponen.

☐ Quedarse en su ciudad   ☐ Ir a hacer escalada

☐ Ir de acampada   ☐ Ir a un hotel al campo

☐ Alquilar una casa rural   ☐ Ir a Madrid

b. 🔵 55 🔲C Escucha de nuevo la grabación y anota los recursos que se emplean para hacer propuestas.

1. .... que vayamos a Madrid.

2. ¿.. ir a un sitio que estuviera más cerca?

3. .... que nos vayamos de acampada a la sierra.

4. ¿.. ir a una casa rural?

2. 🔲G Completa estos diálogos poniendo los verbos en la forma correcta.

1. ◆ Os propongo que para Semana Santa (alquilar) .... una casa rural y nos vayamos con toda la familia. ¿Qué os parece?

     ◆ Estupendo, pero si queremos encontrar plaza tendríamos que reservar ya.

2. ◆ ¿No te apetecería (ver) .... la tele y descansar un poco?

     ◆ Pues no… Me encantaría que nos (ir) .... a alguna parte. Como hace tan bueno.

3. ◆ ¿Te apetecería (ir) .... a una exposición de pintura?

     ◆ Depende. ¿De quién es?

4. ◆ Este domingo voy a limpiar el jardín. No querrías (venir) .... a ayudarme, ¿verdad?

     ◆ Me encantaría, pero el domingo estoy fuera.

5. ◆ ¿Te apetece que (ir) .... a una casa rural este verano?

     ◆ Sí, por qué no.

3. a. 🔲C Lee estas respuestas y escribe una propuesta que les pueda corresponder.

1. ◆ ¿Te apetece que vayamos al cine esta noche?

     ◆ Lo siento, pero no puedo. Es que mañana tengo un examen y quiero repasar.

2. ◆ ¿...?

     ◆ No me apetece mucho. Es que habrá muchísima gente.

3. ◆ ¿...?

     ◆ Me gustaría, pero es que estoy un poco cansada. Mejor vamos otro día, ¿vale?

b. 🔲C Ahora escribe una respuesta rechazando estas propuestas.

1. ◆ ¿Querrías acompañarme a una exposición de pintura de jóvenes artistas?

     ◆ ....

2. ◆ ¿Te apetece que vayamos al campo este fin de semana?

     ◆ ....

3. ◆ ¿No te apetecería que fuésemos al concierto de Ricky Martin el próximo sábado?

     ◆ ....

4. ◆ He pensado apuntarme a un curso de sevillanas. ¿Por qué no te apuntas tú también?

     ◆ ....

4. a. [G] Lee estos ejemplos y relaciona cada uno con la explicación correspondiente.

1. Pedro Almodóvar se ha convertido en uno de los directores más prestigiosos de Europa.

2. Después de muchos años de trabajo, Carlos ha llegado a ser uno de los arqueólogos más prestigiosos del país.

3. A Felipe antes le encantaba la carne, pero se ha hecho vegetariano.

4. Antes era muy simpático, pero desde que está con ella se ha vuelto de lo más antipático.

5. Siempre que Lupe ve un perro se pone nerviosísima.

a. Cambio producto de una evolución natural, o decidido por la propia persona.

b. Transformación rápida que no suele ser permanente.

c. Transformación rápida que entendemos como definitiva.

d. Transformación progresiva, a la que se ha llegado con esfuerzo.

e. Cambio total, que se considera definitivo.

b. [G] Completa estas oraciones poniendo los verbos del cuadro en la forma correcta.

ponerse	volverse	llegar a	hacerse	convertirse en

1. En cuanto Gloria supo que Paco venía a la fiesta _____ contentísima.

2. No sé qué le pasa a Paula. Antes era una chica majísima, pero desde que está con Rafa _____ una antipática.

3. Para _____ ser un buen escritor hay que trabajar y practicar mucho todos los días. Eso de la inspiración es una tontería.

4. John Olson ha ido ganando prestigio poco a poco hasta _____ uno de los mejores escritores del momento.

5. En contra de la voluntad de sus padres, Miriam dejó la carrera y _____ policía.

c. [V] Escribe las palabras del cuadro en la casilla correspondiente. Hay varias posibilidades.

PONERSE	VOLVERSE	HACERSE

rojo	triste
loco	budista
abogado	enfermo
insoportable	ecologista
rico	contento

d. [◁] [G] Piensa en dos personajes famosos y escribe los cambios que han experimentado, pero sin escribir sus nombres. Debes justificar por qué se produjeron esos cambios.

Se hizo rica gracias a la publicación de una serie de novelas fantásticas que fueron un gran éxito y se vendieron en países de todo el mundo.

1. _____

_____

2. _____

_____

Kathleen Rowling recibiendo el premio Príncipe de Asturias a la Concordia (Oviedo, 2003).

e. [📖] [G] Intercambia lo que has escrito con un compañero. Tenéis que adivinar a qué personajes se refieren las oraciones.

5. G Relaciona un elemento de cada columna.

1. Le compré esa novela porque pensaba…

2. Lo siento, pero no me di cuenta…

3. Le voy a preparar una fiesta sorpresa a Pepe porque sé…

4. Ya me imaginaba que…

5. No tenía ni idea…

6. No sabía que a mi profesor…

7. Nunca pensé que te…

a. … le gustara el *jazz*.

b. … no te apetecía ver esta película.

c. … que le gustaba el autor, pero me equivoqué.

d. … de que supieras tanto de cine.

e. … que le va a encantar.

f. … dieran miedo las películas de terror.

g. … de que se estuviera aburriendo.

6. 📖 Cs Lee esta descripción de un cuadro de Sorolla y coloca estas frases en el lugar correspondiente.

■ ya que es el elemento protagonista de sus cuadros de playas y paisajes

■ pero su luz se proyecta por todo el lienzo

■ junto con los verdes, azules y blancos que dibujan el mar

■ tal como se aprecia en esta y otras muchas de sus obras

Paseo a orillas del mar es uno de los cuadros más conocidos de Sorolla. A este artista se le ha llamado el pintor «de la luz», -- .

Este cuadro, firmado en 1909, es uno de los claros ejemplos de la influencia del impresionismo francés en su pintura, a raíz de su estancia en París. De este estilo tomó el tratamiento de la luz y del color, -- -- . Sin embargo, sus largas pinceladas parecen alejarse de dicho estilo. Con todo, es el mejor representante de la influencia del impresionismo en España.

En su paleta aparecen los malvas y los violetas, ------------------ -- . No se ve el sol, -- -- reflejándose en el agua y en los personajes que pinta, dando lugar a los fuertes contrastes de luces y sombras que caracterizan su pintura.

Sus retratos le valieron un gran éxito social y fue el pintor español de su época más reconocido y valorado internacionalmente, sobre todo en Estados Unidos.

7. a. V Hay muchos ejemplos de matices de colores que expresamos refiriéndonos a objetos y elementos de la naturaleza. Lee esta lista y coloca las palabras junto al color correspondiente.

| botella | vino | cielo | marino | limón | pistacho |

azul ---------------------

verde ---------------------

azul ---------------------

verde ---------------------

rojo ---------------------

amarillo ---------------------

b. [V] ¿En tu lengua también se alude a objetos para expresar los matices de los colores? ¿Puedes traducir alguno literalmente?

----

8. a. [V] Vas a escuchar una grabación en la que se habla de la relación entre los colores y el estado de ánimo y de la utilidad de esta relación a la hora de decorar una casa. Antes, marca en la columna Antes de escuchar si estas afirmaciones son verdaderas (V) o falsas (F).

Antes de escuchar				Después de escuchar	
V	F			V	F
☐	☐	**1.** Los colores pueden cambiar nuestro estado de ánimo.		☐	☐
☐	☐	**2.** Los colores cálidos no son adecuados para decorar los lugares de trabajo.		☐	☐
☐	☐	**3.** Los espacios privados de una casa deberían decorarse con colores fríos.		☐	☐
☐	☐	**4.** Los colores neutros no deben utilizarse para pintar el interior de las casas.		☐	☐

b. 🔊56 Escucha ahora la opinión de una experta en decoración y marca las respuestas en la columna Después de escuchar. ¿Habías acertado en tus predicciones?

c. ◁ ¿Con qué colores está decorada la casa en la que vives? ¿Has elegido tú los colores de paredes y muebles? ¿Los cambiarías si pudieras? ¿Por qué? Explica tus preferencias.

----

9. a. [C] **Aquí tienes varios recursos para valorar espectáculos, libros, obras de arte, etc. Marca su uso en esta tabla.**

	Valoración positiva	Valoración negativa	Ambas (según la entonación)
Es precioso.			
Yo creo que es buenísima.			
Es impresionante.			
Regular.			
Es una maravilla.			
Es increíble.			
No está mal.			
A mí me ha parecido horrorosa.			
A mí me parece un espanto.			

b. [C] **Completa estos diálogos con las expresiones del cuadro. No olvides poner mayúsculas donde sea necesario.**

espectacular	es increíble	es un horror	un espanto
está muy bien		no está mal	me parece una maravilla

1. ◆ A mí la catedral de Burgos me parece fantástica; de verdad, es _____ .

   ◆ Bueno... Sí, _____; pero yo esperaba algo más.

2. ◆ ¿Y dices que este cuadro te gusta? Pues será que yo no entiendo nada de pintura, porque para mí _____ .

   ◆ Pues a mí _____ . Es la obra de un genio.

3. ◆ ¿Qué te pareció la exposición de Juan Gris?

   ◆ _____ . Deberías verla.

4. ◆ De verdad, _____ cómo trata la luz Sorolla.

   ◆ Sí. Y especialmente en estos retratos.

5. ◆ ¡Cómo puede no gustarte esta obra maestra!

   ◆ Bueno, sobre gustos no hay nada escrito... Tú dirás que es impresionante, pero para mí es _____, así de claro.

10. ◁ **Piensa en tu obra de arte preferida o en una obra de arte muy famosa de tu país y descríbela, siguiendo este esquema:**

- su nombre y su autor
- a qué estilo pertenece y de qué época es
- dónde está
- descripción objetiva: formas, colores, tamaño, materiales...
- descripción subjetiva: tu opinión personal

_____

_____

_____

_____

_____

_____

11. a. V Completa esta tabla con los adjetivos que faltan.

ADJETIVO	ANTÓNIMO
esperanzado	desesperanzado
optimista	
paciente	
	desanimado
quieto	
	desconfiado
crédulo	
	descontento
tolerante	

b. V Completa estas oraciones con alguno de los adjetivos anteriores.

1. A Mar no la han llamado del trabajo y está muy _____ porque piensa que no le han dado el puesto.

2. No le cuentes a Enrique esas tonterías; ¿no ves que es muy _____ y piensa que todo lo que le dices es verdad?

3. No te preocupes, que Inés no se va a enfadar aunque tenga que esperar mucho tiempo. Sabes que es muy _____ .

4. Pues claro que pienso que el examen me va a salir bien. Sabes que soy _____ por naturaleza.

5. El museo será muy famoso, pero a mí me ha decepcionado. Estoy bastante _____ con la visita.

6. Javier no es mal chico, pero se ha vuelto un poco _____ . No acepta a la gente que no piensa como él.

7. Claudia siempre cree que tiene razón en todo lo que hace o dice y duda de todo lo que le dicen. Es muy _____ .

8. Paco es muy _____ . Nunca para en un sitio más de un par de meses. Le encanta viajar, moverse por todo el mundo y visitar a los amigos.

c. V Piensa en tu relación con el español desde que entraste en contacto por primera vez con esta lengua hasta ahora. Elige cinco adjetivos (si lo deseas, puedes utilizar los anteriores) para expresar cómo te sientes y justifícalo.

Impaciente: Porque todavía tengo algunas dificultades cuando leo el periódico.

■ _____ : _____

_____

■ _____ : _____

_____

■ _____ : _____

_____

■ _____ : _____

_____

12. a. C Ahora, ya casi a punto de terminar el curso, vas a expresar tus opiniones con respecto al aprendizaje del español. Completa los bocadillos.

En mi opinión, lo más fácil del
español ....
.... y, sin
duda, lo más difícil ....
....

Es bastante divertido ....
....
....

Desde luego, lo más aburrido
....
....
....

Me he dado cuenta de que el español
....
....

No me gusta nada que el español
....
....

Mucha gente cree que el español
....
............................,
pero a mí me parece que ....
....

No sabía que el español
....
....

b. C Cuando terminamos una etapa en el aprendizaje de una lengua siempre echamos la vista atrás y pensamos en aquello que no hemos hecho. Escribe qué te habría gustado hacer durante el curso con respecto a estas cuestiones.

GRAMÁTICA	Me habría/hubiera gustado .... Me habría/hubiera gustado que el profesor ....
VOCABULARIO	Me habría/hubiera gustado .... Me habría/hubiera gustado que el profesor ....
PRONUNCIACIÓN	Me habría/hubiera gustado .... Me habría/hubiera gustado que el profesor ....
CULTURA	Me habría/hubiera gustado .... Me habría/hubiera gustado que el profesor ....
OTROS ASPECTOS	Me habría/hubiera gustado .... Me habría/hubiera gustado que el profesor ....

13. a. 57 P Escucha estas oraciones y, sin leer la información que aparece en el cuadro, señala si tienen una entonación ascendente (↑) o descendente (↓).

1. ¿Qué decía la carta? _____

2. ¿Vuelves hoy _____ o mañana? _____

3. ¿En qué puedo atenderle? _____

4. ¿Se lo dices tú _____ o se lo digo yo? _____

5. ¿Sabes cómo se hace esto? _____

6. ¿Dónde has leído eso? _____

7. ¿Va a venir Juan a trabajar? _____

8. ¿Le quiere dejar un recado _____ o prefiere llamar más tarde? _____

b. P Ahora, lee la información del cuadro y corrige los resultados.

Entonación: oraciones interrogativas
■ Si no comienzan con un pronombre interrogativo, la entonación final es ascendente.
◆ ¿Estás cansada? ↑
■ Si comienzan con un pronombre interrogativo, generalmente tienen una entonación final descendente.
◆ ¿A qué te dedicas? ↓
■ Si en la oración interrogativa se plantea una alternativa entre dos elementos conectados por la conjunción *o*, el primer elemento acaba con una entonación ascendente y el segundo descendente.
◆ ¿Lo vio usted ↑ o no lo vio? ↓

c. 57 P Escucha de nuevo las oraciones anteriores y repite.

14. 58 P Escucha estas oraciones, fíjate en la entonación y repite.

1. ¿Me ayudas a bajar estas bolsas?

2. ¿Vendrás a comer con nosotros?

3. ¿Verdad que la película es muy buena?

4. ¿A que hoy está muy guapa?

5. ¿Te importa dejar esto ahí?

6. ¿Pero dijo que no fuéramos?

7. ¿Puedes venir un momento?

Entonación: oraciones interrogativas
■ Cuando preguntamos algo pero casi lo afirmamos, la entonación final es descendente y se acerca a la entonación de las enunciativas, aunque no es un descenso tan bajo.
◆ ¿Verdad que Irene está muy guapa? ↓
■ Cuando pedimos algo de manera cortés y sabemos que nos lo van a conceder, la entonación final también es descendente como en el tipo de oración anterior.
◆ ¿Podrías bajar la basura? ↓

Ahora ya puedo...

	☺	☺	☹
■ hacer, aceptar y rechazar propuestas o sugerencias			
■ hacer descripciones y valoraciones de obras de arte			
■ hablar de los cambios experimentados por alguien			
■ hablar de mis experiencias con respecto al aprendizaje de lenguas			
■ expresar deseos referidos al pasado			

Autoevaluación

1.

Lee el texto y marca la opción correcta.

El arquitecto César Pelli brindó una teleconferencia ante un auditorio colmado de público en El Paraninfo de la Universidad Nacional del Litoral

Directamente desde Nueva York, gracias a los beneficios que brindan las nuevas tecnologías, el arquitecto César Pelli pudo disertar y dialogar con sus colegas de la Argentina y responder todo tipo de inquietudes formuladas por profesionales e interesados que lo siguieron de cerca a través de una pantalla gigante.

El Paraninfo de la Universidad Nacional del Litoral (UNL) fue el escenario elegido para la videoconferencia organizada por la Facultad de Arquitectura, Diseño y Urbanismo (FADU), y que tuvo a Pelli como principal protagonista.

Pelli se recibió de arquitecto en la Universidad Nacional de Tucumán, «cuando la facultad era tan pequeña que nos conocíamos entre todos, no solo como alumnos y profesores sino también como amigos», según confesó en un tramo de la conferencia. En 1949 egresó y casi con el título bajo el brazo accedió a una beca en la Universidad de Illinois, Estados Unidos, donde pudo perfeccionarse.

«Me encontré con que tenía una formación muy avanzada, no solo respecto a los norteamericanos sino también en comparación con profesionales de varios países del mundo», contó Pelli.

Por recomendación de un docente, ingresó en un importante estudio de arquitectura y a partir de entonces (tenía solo 28 años) vive en los Estados Unidos, desde donde ha desarrollado una carrera brillante, que le permitió crear obras trascendentales en distintos países del mundo.

«Hoy en día, muchos arquitectos tendemos a trabajar en varias ciudades del mundo en obras diferentes, con características muy diferentes, haciendo edificios de todo tipo», reconoció Pelli, autor de edificios como el World Financial Center (Nueva York), la Torre del Society National Bank (en Cleveland), la Torre NCNB (en Charlotte, Carolina del Norte), el Centro Boyer de Medicina Molecular, en la Universidad de Yale, las Torres Petronas (Kuala Lumpur), y el Banco República (Buenos Aires), entre otras.

Sin embargo, el arquitecto entendió que cada obra persigue características diferentes, que las hacen distintas una a la otra. «Si mantuviera una firma, una marca característica en mis obras, no podría responder correctamente a lo que cada lugar, cada zona, cada cultura y cada clima requieren», explicó Pelli, para quien «es imposible tratar de imponer una escritura, una estética definida». Aun así, y teniendo en cuenta la calidad de las obras creadas por él, Pelli no duda en decir que «los edificios son como mis hijos: a todos los llevo en mi corazón y los quiero de diferentes maneras. Hago un esfuerzo enorme para no pensar en favoritos, ni en mis obras, ni en mis hijos».

(Fuente: www.unl.edu.ar)

Torres Petrona (Kuala Lumpur).

1. Cuando llegó a Estados Unidos después de licenciarse, Pelli se dio cuenta:
    a. de que su nivel de conocimientos arquitectónicos era muy alto.
    b. de que el nivel de los arquitectos norteamericanos era más elevado que el de otros países.
    c. de que sería muy difícil desarrollar una carrera profesional en América.

2. Pelli consiguió su primer trabajo en un estudio de arquitectura:
    a. gracias a unas prácticas de la universidad.
    b. porque se lo recomendó un arquitecto.
    c. gracias a un profesor de la universidad.

3. Pelli considera que sus obras:
    a. tienen características comunes, que las hacen inconfundibles.
    b. son muy diferentes entre sí.
    c. se pueden adaptar a cualquier zona, cultura y clima.

TRANSCRIPCIONES

Unidad 1

Grabación ①

1. **Marta:** Hola, Pablo. ¡Cuánto tiempo sin verte!
   Pablo: Sí, es que el año pasado estuve de Erasmus.
   Marta: ¡Ah, es verdad! Me lo dijo Rafa. ¿Y qué tal estás?
   Pablo: ¡Muy bien!
   Marta: Oye, mira, quiero presentarte a Marcos, mi vecino de habitación. Acaba de llegar.
   Pablo: ¡Hola!
   Marcos: Hola, encantado.
   Pablo: O sea que tienes nuevo compañero de piso. ¿Y Luisa?
   Marta: Se ha ido a una residencia.

2. **Marta:** Teresa, ¡qué ganas tenía de volver a verte! ¿Cómo estás?
   Teresa: Bueno, tirando, ¿y tú?
   Marta: Pero ¿qué te pasa?
   Teresa: Es que el horario que tengo este año es horrible y no sé si lo voy a poder compaginar bien con el trabajo.
   Marta: ¿A ver? ¡Uy! Bueno, mira la parte positiva, Lourdes Borrego te da Biología y Jesús Sánchez te da Bioquímica. Los dos son muy buenos.

3. **Carlos:** Marta, ¡qué bien que te encuentro!
   Marta: Carlos, ¡qué alegría! ¿Cómo te va?
   Carlos: Estupendamente. El examen de Bioquímica me salió muy bien, así que para este año no me ha quedado nada.
   Marta: ¡Qué bien! Me alegro mucho, Carlos.

4. **Marta:** Hola, buenos días, ¿es usted don Francisco Llorente, el coordinador de la secretaría?
   D. Francisco: Sí, soy yo...
   Marta: Soy Marta Pedraza. Encantada.
   D. Francisco: Es un placer. Ya tenía ganas de conocerte.
   Marta: No me extraña. Con la lata que le he dado este verano. Quería darle las gracias por el tiempo que ha dedicado a responder mis correos electrónicos. Su información ha sido muy clara y de gran ayuda para mí.
   D. Francisco: ¡Oh, no tiene importancia, Marta!

Grabación ②

1. bata - balón - botella
2. dama - dominó - demostración
3. goma - guitarra - guerra
4. abuela - absurdo - árbol
5. edad - adelante – subdelegado
6. hago – algodón – hoguera

Grabación ③

1. jota, traje, rojo
2. condujo, produjeron, trajimos
3. proteger, elegir, oxígeno
4. dirigiera, protegieron, eligieron

Grabación ④

1. El gato está jugando debajo de la mesa.
2. El subdelegado eligió el mejor regalo.
3. Tienes que elegir bien el traje para el cumpleaños de Jorge.
4. Es absurdo que digas esas cosas.
5. Los agentes protegieron al subinspector.
6. A Guillermo le han regalado un juguete muy divertido.

Grabación ⑤

Profesora: ¿Por qué razones creéis que es bueno aprender una lengua?
Matilde: Uy, por muchas razones, ¿no?
Profesora: ¿Como cuáles?
Matilde: Por ejemplo, aprender un idioma puede abrirnos más puertas a la hora de buscar trabajo...
Eva: Sí, además aumenta las opciones de estudiar o trabajar fuera del país de origen...
Profesora: Muy bien, ¿y qué otras razones se os ocurren?
Ramón: Pues para disfrutar más de un viaje. Cuando vas de vacaciones a un país del que conoces el idioma, puedes participar más en la vida diaria, puedes conocer mejor sus costumbres y su cultura...
Profesora: Sí, esto que está diciendo Ramón es muy interesante, porque conocer otra cultura hace que aumente la comprensión de uno mismo y de su propia cultura, ya que hay aspectos de nuestra lengua, de nuestra vida que aceptamos como verdades universales y sobre las que no recapacitamos hasta que nos encontramos con gente y culturas que hacen las cosas de manera distinta. ¿Se os ocurren más cosas?
Eva: Otra de las ventajas de conocer una lengua extranjera es que nos permite apreciar más la literatura, la música, el cine... de ese país, ya que las traducciones no siempre son buenas o están sujetas a la interpretación del que traduce y en la mayoría de los casos se pierden muchas alusiones culturales, juegos de palabras...
Matilde: Yo creo que también mejora la capacidad para aprender otras cosas, ¿no?

Unidad 2

Grabación ⑥

1. **Empleado:** Buenos días.
   Julia: Hola. Quería saber si tengo derecho a la prestación por desempleo.
   Empleado: ¿Cuándo terminó su último contrato?
   Julia: La semana pasada.
   Empleado: ¿Ha cotizado usted un mínimo de doce meses a la Seguridad Social?

2. **Concha:** Hola, buenos días.
   Empleada: Buenos días, dígame.

Concha: Quería saber si tengo que solicitar permiso de obras para una reforma en mi domicilio.

Empleada: ¿En qué consiste?

Concha: Solo quiero cubrir la terraza.

3. **Rosa:** ¿Y a cuántas personas podemos autorizar en nuestra cuenta?

Empleado: En principio, a una.

Rosa: Vale. ¿Dónde lo pongo?

Empleado: Mire, aquí, donde dice «titulares», ponga su nombre y el de su marido. Y donde dice «autorizados», el nombre de su hijo.

4. **Pablo:** ¿Y cuándo calcula que puede llegar?

Empleado: Pues dos o tres días, como es un envío nacional…

Pablo: ¿Y si lo mando urgente?

Empleado: Entonces llega mañana por la mañana.

Grabación ⑦

Mujer: Disculpe, ¿podría atenderme un minuto, por favor?

Empleado: Claro, dígame.

Mujer: Vengo a presentar una reclamación.

Empleado: Usted me dirá. ¿Qué ha pasado?

Mujer: Pues mire, el lunes pasado, a mi marido le operaron de una catarata en el ojo derecho, y…

Empleado: Perdone que la interrumpa. Déjeme la tarjeta sanitaria de su marido, que lo consulto en el ordenador, por favor. Aquí está, Salvador Martín Castillo, día 25 de octubre. Pero en el historial no aparece nada raro, ni en el alta tampoco. De hecho, figura expresamente que la intervención fue un éxito.

Mujer: Sí, si la operación fue bien, pero ahora que ha pasado todo yo vengo a quejarme por otra cosa. Él vino en ayunas al hospital a las ocho y media, tal como le habían dicho, porque la operación se realizaría una hora después. Pero el cirujano, el doctor Domínguez, no realizó la intervención hasta las tres de la tarde. Y no hay derecho, oiga.

Empleado: Bueno, es que no se puede saber con exactitud a qué hora se van a realizar las intervenciones.

Mujer: Ya, si yo entiendo que se retrasen una hora o incluso algo más, pero siete… Es una vergüenza.

Empleado: A ver, un momento. Sí, aquí está. El doctor Domínguez tuvo que realizar una operación de urgencia a las nueve y media a un joven que había tenido un accidente y que corría el riesgo de perder la visión de un ojo.

Mujer: ¡Vaya! Si es así… No tome nota de mi queja. De todas formas, deberían habernos informado.

Grabación ⑧

1. llave	3. calle	5. llorar	7. llevar
2. lluvia	4. medalla	6. pollo	8. batalla

Grabación ⑨

llave	calle	llorar	llevar
lluvia	medalla	pollo	batalla

Grabación ⑩

1. hierba	3. hiel	5. hiedra
2. hielo	4. hierbabuena	

Unidad 3

Grabación ⑪

1. **Juan:** ¿Qué te ha parecido la peli, Ana?

   Ana: Es alucinante. No he visto nada igual.

2. **Marta:** ¿Qué tal la peli, Alfredo?

   Alfredo: Un rollo. Ha sido un rollo.

3. **Rodrigo:** Bueno, ¿qué te ha parecido, Raquel?

   Raquel: Horrible. La próxima vez la elijo yo.

4. **Carlos:** Bueno, Quique, la película es buena, ¿o no?

   Enrique: No está mal. Se deja ver.

5. **María:** ¿Y qué me dices de la película, Rosa?

   Rosa: Genial, está genial. Seguro que le dan el Oscar este año.

6. **José:** ¿Qué opinas tú de la película, Javier?

   Javier: Bueno, las he visto mejores.

Grabación ⑫

1. **Celia:** ¿Qué has hecho este fin de semana?

   Carmen: Pues el sábado estuve en el cine.

   Celia: ¿Y qué viste?

   Carmen: *La vida secreta de las palabras.*

   Celia: No me suena. ¿Es española o extranjera?

   Carmen: La directora es española, pero el protagonista es estadounidense.

   Celia: ¿Y de qué va?

   Carmen: Trata de un hombre que trabaja en una plataforma petrolífera…

   Celia: Ah, ya sé. Es una película de Icíar Bollaín.

   Carmen: No, la directora es Isabel Coixet.

   Celia: Ah, entonces me estoy confundiendo de película. ¿Y qué tal está?

   Carmen: Muy bien. Es un drama duro, duro, pero está muy bien.

2. **Javier:** ¿Sabéis cómo se llama el director de *El laberinto del fauno*?

   Carlos: ¿*El laberinto del fauno*? Ni idea. ¿Por qué?

   Javier: Es que estoy escribiendo un correo a un amigo para que vaya a verla y no me acuerdo del nombre del director.

   Marisa: Ay, cómo se llamaba, pero si es muy conocido.

   Javier: Sí, si yo lo tengo en la punta de la lengua, pero no consigo acordarme.

   Carlos: ¿Qué películas ha hecho?

   Marisa: *Mimic*, *El espinazo del diablo*…

   Carlos: Ah, ya sé quién es. Guillermo del Toro.

   Javier: Eso. Guillermo del Toro.

   Marisa: ¿Y qué tal la película? ¿Te gustó?

   Javier: Sí, es superbuena.

Grabación 13

Me ha gustado mucho. Es la segunda película de Antonio Banderas como director. Y aunque está basada en una novela, se nota que ha intentado ofrecer su propia visión de la historia. El problema es que a veces te cuesta seguirla y no es fácil de entender. Aunque es una película un poco triste, nunca llega a ser cursi ni sentimental. Al contrario, hay ratos en los que te ríes muchísimo con los actores. Bueno, los actores son… La verdad es que yo no conocía a casi ninguno. Son superjóvenes, pero están geniales. Aunque es verdad que tienen el apoyo de actores que llevan toda la vida en esta profesión como Victoria Abril o Juan Diego.

Grabación 14

Mariola: Indudablemente los festivales y certámenes cinematográficos dan a conocer películas que de otra manera nunca llegarían al gran público.

Fernando: Por supuesto. Es un medio estupendo para que los actores y directores noveles tengan la oportunidad de ser conocidos.

Emma: Yo no lo veo tan claro. Los festivales dedicados a estos nuevos profesionales son escasísimos y su repercusión en el gran público es casi nula.

Manuel: Estoy totalmente de acuerdo. La realidad es que la mayor parte de estos festivales solo tienen un fin lucrativo.

Mariola: De ninguna manera. Hay muchos tipos de festivales y no todos persiguen beneficiarse económicamente.

Emma: Por supuesto, pero, si os dais cuenta, en los festivales más importantes lo más relevante no son las películas, sino los actores que desfilan por la alfombra y que muchas veces ejercen de jurado sin estar capacitados para ello.

Fernando: Yo no estoy de acuerdo con lo que dices. ¿Por qué un actor o una actriz no puede ser jurado de un festival? Son profesionales del medio y pueden tener una visión muy interesante a la hora de votar.

Mariola: Para mí, lo más importante de un festival es que permite que el público conozca películas de países que tienen una industria cinematográfica tan poco desarrollada que, si no fuera por estos certámenes, nunca las podríamos conocer.

Manuel: Es cierto, pero lamentablemente el porcentaje de ese tipo de películas es ridículo frente a las grandes superproducciones.

Grabación 15

1. ¡Qué calor hace! Además, tengo una sed… Y encima no me funcionan las tarjetas y el poco dinero suelto que tenía me lo he gastado.
2. **Portero:** Perdón, el carné de identidad.
   Juan: Es que no lo tengo aquí.
   Portero: Pues entonces no puedes pasar. La entrada es para mayores de 18 años.
   Juan: Ya, vale.

3. Estoy harta. Aquí no hay quien estudie. La casa está siempre llena de gente y siempre hay mucho ruido. Claro, si vivimos cuatro personas en sesenta metros cuadrados.
4. Me he enterado de que los de *Operación Triunfo* están haciendo cástines para seleccionar a nuevos concursantes. Yo creo que me voy a presentar a ver si tengo suerte.
5. Estoy harto de madrugar tanto para llegar a tiempo al trabajo. Además, es que tengo que hacer un montón de transbordos y el metro va siempre lleno de gente.

Grabación 16

1. lado	6. llamar	11. sol	16. colmo
2. cero	7. tira	12. corto	17. alto
3. isla	8. salir	13. pilar	18. celo
4. tila	9. burla	14. prieto	19. coro
5. cola	10. polo	15. color	20. lisa

Grabación 17

1. exportación	7. oxígeno
2. taxi	8. xenófobo
3. xilografía	9. exacto
4. extraño	10. extenso
5. exuberante	11. dúplex
6. explicar	12. examinar

Unidad 4

Grabación 18

Policía: A ver, cuénteme lo que hizo cuando llegó a casa.

Adolfo: Pues nada, salí del trabajo a las dos, como siempre, fui a casa, abrí la puerta y cuando entré, me quedé helado. El salón estaba todo revuelto.

Policía: ¿Y la puerta no estaba forzada? ¿No vio señales en la cerradura ni en el marco?

Adolfo: No, qué va.

Policía: Su piso tiene terraza, ¿verdad?

Adolfo: Sí, y la puerta estaba abierta.

Policía: Entrarían por la puerta de la terraza y saldrían tranquilamente por la puerta de la calle, sin levantar sospechas. ¿Tocó usted algo?

Adolfo: No, no. Les llamé en cuanto llegué. El caso es que ha sido todo muy rápido, porque la asistenta se marcha a la una y media y yo llego a las dos y diez o dos y cuarto.

Policía: Sí, esto suele ser habitual. Habrán estado vigilando la casa durante varios días para saber a qué hora estaba vacía. ¿Qué le han robado?

Adolfo: Solo el dinero que había en el dormitorio y las joyas de mi mujer. Pero la caja fuerte, que está en el salón, detrás del sofá, no la habían forzado, es un poco extraño.

Policía: Probablemente no les daría tiempo, porque el robo debió de ocurrir entre las dos menos cuarto y las dos.

Adolfo: Además debieron de darse mucha prisa, porque no se llevaron ni la tele, ni el DVD, ni nada.

Policía: Claro, querrían solo dinero y cosas pequeñas, que pudieran esconder con facilidad. ¿Ha visto algo más que le haya llamado la atención?

Adolfo: No, creo que no. Como le decía, el salón estaba todo revuelto: los cajones abiertos, los libros por el suelo.

Policía: Estarían buscando dinero, hay gente que lo esconde en los libros.
¿Recuerda algún otro detalle importante?

Adolfo: No, nada. ¿Cree usted que podrán recuperar las joyas?

Policía: Bueno, es posible, pero no le garantizo nada.

Adolfo: Es por el valor sentimental, ¿sabe? Lo único que han dejado ha sido un collar y una cadena de oro, que estaban tirados en el suelo.

Policía: Se les caerían al marcharse, debieron de salir a toda prisa. Bueno, pues voy a redactar el informe para dar paso a la investigación.

Grabación ⑲

1. ¿Que qué me parece lo de cerrar el tráfico en el centro? Pues hombre, yo creo que el ayuntamiento se equivoca, porque el plan no va a beneficiar a los que trabajamos pegados a un volante, como los repartidores.

2. A mí todo lo que sea fomentar el uso del transporte público me parece bien, y el plan lo hace. Sí, creo que el ayuntamiento acierta. Estoy convencida.

3. Pues no sabría qué decirle. Hay que esperar unos días, a ver qué pasa. Si todos tenemos un poco de paciencia, puede que sea positivo.

4. Es un problema de educación, a ver si así la gente se acostumbra a no ir en coche a todas partes. Así que soy optimista, creo que esta medida está muy bien pensada y va a resultar positiva.

5. A mí no me convence nada. Yo entiendo que la intención es buena, pero yo, por ejemplo, vivo a las afueras y suelo venir en coche, porque en transporte público tardo muchísimo. Y mientras no arreglen eso…

6. La idea puede funcionar. Creo que es interesante y que, si todos colaboramos un poco, podemos hacer esta ciudad mucho más agradable. Claro, que no todo el mundo pensará como yo, ¿verdad?

Grabación ⑳

Presentadora: Hoy tenemos con nosotros a Adolfo Segura, del Gabinete de Prensa de la Dirección General de Tráfico, que nos aclarará muchas de las dudas referentes al nuevo sistema del permiso por puntos. Buenos días, Adolfo. Gracias por haber aceptado nuestra invitación.

Invitado: Buenos días. Es un placer.

Presentadora: Lo primero, explíquenos brevemente en qué consiste este sistema.

Invitado: Bueno, el carné por puntos es una forma de sensibilización, para que los conductores sean más prudentes y se tomen más en serio este tema, ya que el número de accidentes es realmente preocupante.

Presentadora: La primera pregunta, que a tanta gente preocupa es esta: ¿Puede un conductor llegar a perder todos sus puntos?

Invitado: Sí, pero quiero recalcar que esto no va a suceder frecuentemente. Para perder todos los puntos hay que cometer muchas infracciones graves y reincidir.

Presentadora: ¿Cuáles son las infracciones por las que se pierden más puntos?

Invitado: Lógicamente, las que implican un mayor riesgo para los conductores, como conducir de forma temeraria o en sentido contrario, conducir con una tasa de alcoholemia superior a 0,5 miligramos por litro o bajo los efectos de sustancias estupefacientes. Y también negarse a someterse a la prueba de alcoholemia. Por estas infracciones se pierden seis puntos.
En otra categoría, penalizada con cuatro puntos, están infracciones como saltarse un semáforo en rojo o un *stop*, o circular marcha atrás en una autopista o una autovía. Y comportamientos que supongan un peligro para los demás, como arrojar por la ventanilla objetos que puedan producir incendios u otro tipo de daños.

Presentadora: ¿Y usar el teléfono móvil, que es algo que se ve cada vez más?

Invitado: Hablar por el móvil mientras se está conduciendo está penalizado con tres puntos, al igual que no llevar el cinturón de seguridad o el casco o no mantener la distancia de seguridad. Y, finalmente, las infracciones más leves, que suponen la retirada de dos puntos, son, por ejemplo, llevar en el coche sistemas de detección de los radares policiales, no hacer uso del alumbrado cuando es obligatorio o parar el coche en zonas de riesgo y en zonas destinadas a la circulación del transporte público o de los peatones.

Presentadora: Muy bien, si le parece, vamos a dar paso a las llamadas de nuestros oyentes.

Grabación ㉑

1. sábado	6. risa
2. armario	7. hipopótamo
3. azúcar	8. adiós
4. lápiz	9. azul
5. corazón	10. móvil

Unidad 5

Grabación ㉒

Laura: Para mí, viajar es una manera de cambiar la rutina de todos los días y vivir la vida…, no sé, de forma diferente.

Javier: Sí, ya, pero ¿no te parece que se puede romper la monotonía diaria de otras maneras?

Laura: Claro que sí, pero los viajes te abren nuevas perspectivas, te ayudan a conocerte más, a descubrir nuevas culturas...

Javier: No sé... Yo pienso que los viajes son solo un invento de nuestra sociedad para promover el turismo y generar una nueva forma de negocio.

Laura: No estoy de acuerdo en absoluto. Se puede viajar de muchas maneras, gastando poco o mucho dinero. Fíjate en la cantidad de ofertas de las agencias a lo largo del año.

Javier: Mira, estoy totalmente de acuerdo contigo en que las agencias ofrecen una gran variedad de destinos y a buenos precios, pero eso solo confirma lo que antes te he dicho: los viajes son solo un negocio más.

Laura: Bueno, claro que el turismo mueve dinero, por supuesto, pero, al fin y al cabo, estás invirtiendo en ti mismo, en tu salud, en tu cultura... ¿No crees que es una buena inversión?

Javier: Bueno, visto de ese modo, claro que estoy de acuerdo contigo.

Grabación 23

Paco: Llevo media hora buscándolo y no lo encuentro, ¿dónde estará?

Marta: Pues seguro que está por aquí, Paco. Es muy raro que haya desaparecido así, por arte de magia. Oye, ¿a qué hora sale el avión?

Paco: A las cinco menos cuarto. No creo que llegue a tiempo, tengo que estar en el mostrador de la compañía dos horas antes y como no lo encuentre...

Marta: Tranquilo. Me imagino que ellos podrán comprobar que hay una reserva hecha a tu nombre, ¿no?

Paco: No sé.

Marta: Espero que no lo hayamos tirado a la basura con otros papeles.

Paco: Marta, me estás poniendo muy nervioso...

Marta: Bueno, ya me callo. ¿Has mirado debajo de la mesilla?

Paco: Sí, ya he mirado.

Marta: Pues mira debajo del armario por si se ha caído.

Paco: Me extraña que se haya caído detrás del armario.

Marta: Bueno, tú búscalo por si acaso...

Paco: Nada, aquí no hay nada, pero nada de nada.

Marta: Calma, a ver, piensa en la última vez que lo viste.

Paco: Pero si yo sé que lo tengo. Anoche estaba encima de la cómoda, aquí, aquí, al lado del despertador. Es extraño que no lo encuentre ahora, muy extraño, Marta.

Marta: ¿Has mirado detrás de la cómoda?

Paco: No, voy a ver. ¡Míralo, aquí está! Por fin, madre mía, qué rato. Gracias, Marta.

Marta: De nada, hombre. Venga, coge todo, que te llevo al aeropuerto.

Grabación 24

Marcos: Podíamos ir este año a Galicia. ¿Qué os parece?

Elena: Bueno, a mí me da igual. Para mí, cualquier sitio es bueno.

Rosa: ¿No os parece que podríamos hacer un viaje distinto? A mí me encantaría visitar Chile, Costa Rica...

Marcos: Sí, ya, pero es que solo tenemos diez días de vacaciones y yo no quiero pasarme la mitad del tiempo de un sitio para otro.

Elena: En eso sí que estoy de acuerdo. Tenemos que aprovechar bien los diez días.

Rosa: Por supuesto, yo no estoy diciendo que tengamos que visitar los dos países. Pero uno de ellos... Mirad qué oferta para conocer Costa Rica. ¿Qué os parece?

Elena: Pues a mí fenomenal. ¿Marcos?

Marcos: Bueeeeno...

Rosa: Bien, pues vamos a la agencia. Estuve ayer allí y me dijeron que nos diéramos prisa.

Marcos: Pero te dijeron que habría plazas, ¿verdad? A ver si ahora vamos y nos dicen que no hay plazas.

Elena: Venga, hombre, no seas tan negativo. Vamos ahora mismo y lo dejamos todo solucionado.

Unidad 6

Grabación 25

1. Mi profesión me gusta, soy enfermera y me llevo muy bien con todos mis compañeros. Lo que peor llevo es cuando me toca horario de noche; en el hospital las noches se me hacen eternas... Y al día siguiente cuando regreso a casa, tengo que limpiar, hacer la comida, planchar... ¡Termino agotada!

2. Yo soy licenciado en Historia pero, como en lo mío hay mucho paro, estoy realizando un máster. Cuando lo termine, tengo pensado irme al extranjero porque creo que allí tendré más posibilidades de encontrar un buen trabajo relacionado con mi especialidad.

3. ¡Madre mía qué diferencia de mis tiempos a ahora! Yo, de joven, trabajaba como cajera en un supermercado, pero al casarme dejé mi trabajo para dedicarme a la casa y cuidar a mis cuatro hijos. Ahora todos ellos trabajan y cuido de mis nietos para echarles una mano.

4. Llevo trabajando en un banco 30 años, la verdad es que estoy muy contento con mi situación laboral. Mi horario es de lunes a viernes de ocho y media a tres y solo los jueves voy por las tardes a la oficina para realizar asuntos de papeleo.

5. Llegué a España con 27 años y aunque en mi país, Cuba, había estudiado secretariado, aquí no encontré ningún trabajo relacionado. Así pues, llevo dos años como interna en una casa; cuido a una señora anciana y también realizo las tareas domésticas. Mañana tengo una entrevista de trabajo para trabajar como operadora en una compañía de comunicaciones, ¡a ver si tengo suerte!

Grabación 26

Presentador: ¡Hola a todos y bienvenidos a *Hablando se entiende la gente*! Hoy vamos a hablar de un tema que interesa y repercute a todos los jóvenes que tienen que enfrentarse al temido mercado laboral. Para hablar de este tema están con nosotros cuatro estudiantes de Periodismo. Buenas tardes a los cuatro y bienvenidos.

Invitados: Hola, hola.

Presentador: ¿Cuál es para vosotros el principal problema con el que os encontráis al acabar la carrera?

Lucía: Para mí el problema principal es que los empresarios no quieren hacer contratos fijos a los jóvenes y la inestabilidad es muy grande.

Mario: Es verdad. Esta sensación de inestabilidad nos afecta a todos.

Blanca: Sí, tenéis razón, pero creo que, al principio, lo más importante es encontrar un trabajo en el que puedas ir ganando experiencia.

Jorge: Tienes razón. Sin duda hay que cambiar nuestra mentalidad de un trabajo para toda la vida como nuestros padres. Tenemos que ir acostumbrándonos a ir de trabajo en trabajo y, probablemente, tener algunas épocas de paro.

Lucía: Estoy de acuerdo en parte, pero esa situación se puede sobrellevar cuando eres muy joven.

Mario: Además las empresas se benefician de esta situación y da lugar a los contratos basura.

Blanca: Hombre, si tú lo dices… Yo creo que el Gobierno controla este tema y este tipo de contratos cada vez son menos habituales.

Jorge: Es cierto. Creo que la situación está mejorando y que ahora hay más posibilidades de encontrar trabajo.

Lucía: Pero ¿en qué condiciones? Es que no tenemos que conformarnos solo con tener un trabajo sea como sea, también hay que luchar porque sea con unas condiciones dignas. A mí no me vale ese conformismo de trabajar a costa de lo que sea. Hay gente que está trabajando sin contrato y si tienen un problema, ¿a quién reclaman?

Jorge: Tienes toda la razón. De todas formas, hay gente que acepta esta situación para poder ganar algo de dinero que le permita seguir formándose…

Grabación 27

Ouka Leele es una gran fotógrafa española. Su verdadero nombre es Bárbara Allende Gil de Biedma. Surgió como artista de la «movida» madrileña de primeros de los ochenta, con la que también se dieron a conocer artistas como Alaska o Pedro Almodóvar. Tomó su sobrenombre de una estrella de un mapa celeste imaginario inventado por el pintor el Hortelano, otro de los personajes de la «movida».

En principio, iba a estudiar Bellas Artes, pero, por circunstancias de la vida, no pudo ingresar en una escuela, por lo que es autodidacta. Posteriormente, descubrió la fotografía, así su gusto por pintar la llevó a realizar fotos en blanco y negro y, después, pintar sobre ellas con acuarela dotándolas de color. Esta peculiaridad la ha continuado hasta hoy y es una de las características de la artista.

Desde entonces, ha recorrido el planeta mostrando la belleza de su obra desde París y Nueva York hasta São Paulo. Ha impartido talleres sobre su especialidad en festivales, centros culturales y universidades.

Su obra ha sido reproducida en multitud de revistas y ha colaborado en casi todas las ediciones del Festival ARCO.

Además de la fotografía, ha estado investigando en otros campos como el teatro y el cine. También ha realizado actividades de ilustración como, por ejemplo, las ilustraciones que realizó para el libro de Concha García Campoy, *La doble mirada*. En la actualidad, trabaja junto al director de cine Rafael Gordon en el montaje final de la película *La mirada de Ouka Leele*.

Grabación 28

Vamos a ver un programa de televisión que habla de la situación actual en la que se encuentran muchos jóvenes españoles. Las personas que viven con sus progenitores están deseosas de poder adquirir su propia vivienda, pero los elevados precios del mercado inmobiliario no se lo permiten.

Grabación 29

1. Hizo el trabajo en un solo día.
2. Vengo a estudiar.
3. Ahora ya está todo aclarado.
4. Me ha dicho que había sido Alejandro.
5. Esta es mi hermana Elena.
6. Juan volvió al colegio enseguida.
7. Se me ha olvidado en casa.

Grabación 30

Por fin estaba en mi tierra añorada. La estela se podía contemplar en el azul del mar. Al bajar a la playa, observé cómo en la orilla permanecía una estrella buscando ansiosamente que la espuma mojara alguno de sus brazos. Durante el paseo por la arena, contemplé cómo una extranjera hacía fotos de tan bella estampa.

Grabación 31

Mi vida laboral comenzó en el año 2001. Al cumplir 20 años, decidí que quería empezar a trabajar, así que envié varias cartas solicitando un empleo a los hoteles de la Costa del Sol. Algunos hoteles no me respondieron y muchos me contestaron que en aquel momento no había ninguna plaza vacante. Cansada de tanta negativa, me trasladé a Málaga, donde me contrataron durante dos meses en un hotel de tres estrellas.

Mientras trabajaba allí, me di cuenta de que lo que realmente me gustaba era la cocina, así que volví a Toledo para hacer un curso de restauración. Cuando terminé el curso, empecé a trabajar en un restaurante de Madrid y a colaborar con tres de los mejores cocineros de la capital, y ahora he decidido montar mi propio restaurante. Hoy mismo he recibido con alegría la noticia de que la comunidad de Castilla-La Mancha me ha concedido un crédito a un bajo interés, con lo que creo que podré ponerme en marcha enseguida. Lo primero que voy a hacer es alquilar un local en un sitio bonito.

Unidad 7

Grabación 32

Kofi Annan, antiguo secretario general de la Organización de las Naciones Unidas, fue el encargado de inaugurar la sesión.
La cuarta cumbre de la Unión Europea, América Latina y el Caribe se celebrará en Viena.
El sindicato Comisiones Obreras anunció ayer que convocará una huelga para protestar por el cierre de la empresa.
A la manifestación acudieron representantes de los dos partidos mayoritarios, el Partido Socialista Obrero Español y el Partido Popular.

Grabación 33

1. ¡No hay derecho! Si es que cada día funcionan peor. Llevo ya veinte minutos en la parada y nada. Luego dicen que cogemos el coche para todo.
2. ¡Qué desastre! Mira cómo lo han dejado todo, lleno de papeles, de restos de comida… La gente no respeta nada. Vienes al parque a jugar con tus hijos y resulta que tienes que ir mirando al suelo por si acaso.
3. Pues qué quieres que te diga, que estoy harto. Que todos tenemos derecho a divertirnos, si yo no digo que no, pero también tenemos derecho a dormir. Y es que este ruido no se puede aguantar, que los fines de semana están los bares abiertos hasta las cuatro de la mañana, y no hay quien pegue ojo.

Grabación 34

1. La ganadora del premio del año anterior, Almudena Grandes, presidía el jurado.
2. Todos apoyaron a Carmen, incluso el jefe.
3. El alcalde, que llevaba ya tres años en el cargo, presentó ayer su dimisión.
4. Dice que la entrevista le salió bien, aunque reconoce que no la había preparado mucho.
5. Yo preparo la comida; tú, el postre.
6. Te has equivocado y, francamente, me molesta que no lo reconozcas.
7. Habíamos quedado ayer, pero no se presentó.
8. Quedamos dentro de dos días, o sea, el martes.

Unidad 8

Grabación 35

Antes nunca iba al médico. Cuando estaba enfermo, preguntaba a familiares o amigos y me tomaba lo que ellos me recomendaban. Y eso lo hice muchas veces. Es que siempre me dolía algo: la cabeza, el estómago, las articulaciones… Ni siquiera leía el prospecto. La verdad es que tuve mucha suerte, porque nunca sufrí una intoxicación.
Ahora no ingiero ningún fármaco a no ser que me lo diga el médico. El año pasado, tuve un mal año a nivel familiar y profesional y, cuando acudí a la consulta, el doctor me dio la baja y me recetó unos tranquilizantes que estuve tomando durante dos semanas, período que duró el tratamiento. Aunque a la semana de empezar a tomarlos ya me encontraba mucho más tranquilo, no dejé el tratamiento. En mi última revisión, a los quince días, acudí de nuevo al médico y me dio el alta.
Ahora también me preocupo más por mi alimentación y no fumo, hago deporte… ¡Vaya, que estoy como un roble!
Para terminar, debo decir que no debemos olvidar que el consumo de medicinas genera un gasto muy alto para el Gobierno.

Grabación 36

1. **Catalina:** Cuando me levanto, mi madre ya me tiene preparado el desayuno: un vaso de leche con cacao y unas galletas. La comida del mediodía es un problema, porque a mí solo me gusta la pasta, la sopa de arroz, los huevos y el pollo con patatas fritas, y en el cole me ponen mucha verdura y legumbres que no me gustan nada de nada. Por la tarde después del cole, meriendo un sándwich.
Encuestadora: Muchas gracias, Catalina.
2. **Enrique:** ¿Mis hábitos alimenticios? Pues antes de salir al trabajo, me tomo un café con leche y una tostada con aceite de oliva y tomate natural, y algo de fruta. A media mañana vuelvo a tomar algo de fruta: un par de mandarinas o una manzana. Suelo ir a comer a casa y entre mi madre y yo preparamos todo. Nos encantan todas las verduras, las legumbres y el pescado. Creo que deberíamos aumentar la cantidad de carne; apenas la tomamos.
Encuestadora: Muy bien, Enrique. ¿Y cómo valora sus hábitos alimenticios en una escala del 1 al 5?
3. **Gabriela:** Por la mañana suelo desayunar un yogur y algo de fruta. A eso de las once, suelo prepararme una infusión. Aunque a la hora de la comida podría ir a casa a comer, me da tanta pereza cocinar que cada día voy a un restaurante diferente de comida rápida. Eso sí, el postre, no lo perdono, me encanta el dulce.
Encuestadora: Muchas gracias, Gabriela.
4. **Antonio:** Pues a mí la fruta es lo que más me gusta para desayunar, puedo tomarme hasta tres piezas cada mañana. A media mañana pico algo de queso y acostumbro a comer un primer plato, un segundo, algo de fruta y un yogur. Reconozco que es demasiado para una persona de mi edad, pero es que soy de buen comer.
Encuestadora: Gracias, Antonio.

Grabación 37

Presentador: Bien, queridos radioyentes. Después de esta pausa para oír unos consejos publicitarios, continuamos con nuestro programa que hoy trata sobre la publicidad. Tenemos una llamada desde Toledo. ¿Hola?

Marta: Hola, buenos días, soy Marta.

Presentador: Buenos días, Marta. Cuéntenos…

Marta: Pues verá, a mí la publicidad me parece muy interesante. Los anuncios de la tele, por ejemplo, son como unas películas muy cortas que te cuentan una historia en poquísimos segundos, y conseguir hacer esto no es nada fácil, creo que es todo un arte. Además, gracias a los anuncios conocemos nuevos productos que aparecen en el mercado y que de manera muy breve te dicen sus cualidades.

Presentador: Gracias por su llamada, Marta. Tenemos en el otro lado a otra persona que no opina lo mismo. ¿No es así Roberto?

Roberto: Pues sí. A mí personalmente me pone muy nervioso cuando ponen la publicidad en el momento más interesante de una película. El otro día, por ejemplo, estábamos en casa viendo una película de acción y al pobre protagonista nos lo dejaron por los aires porque cortaron la película. Me gustaría también decir que las autoridades competentes deberían controlar qué anuncios se pasan y en qué franjas horarias.

Presentador: ¿A qué se refiere, Roberto?

Roberto: Verá, no es la primera vez que estoy viendo un programa educativo con mi hijo, mientras está merendando, y aparecen anuncios donde salen personas desnudas o productos para adultos. Considero que un niño de cuatro años no está lo suficientemente maduro para ver esto.

Presentador: Aclarado. Seguimos. Tenemos otra llamada desde Sevilla. ¿Buenos días?

Clara: Buenas, me llamo Clara y discúlpeme, es que estoy un poquito nerviosa, porque es la primera vez que hablo por la radio.

Presentador: Tranquila, Clara. Usted le ha dicho a la compañera que le ha cogido la llamada que los anuncios le vienen bien, ¿por qué?

Clara: Bien no, ¡fenomenal! Y eso que no me encantan. Le explico: cada vez que ponen anuncios, yo aprovecho para hacer otras cosas: picar algo, ir al baño, hacer una llamada, tender una lavadora… y cosas así.

Presentador: Ha dicho que no le gusta la publicidad, ¿y eso?

Clara: Es que no me gusta este mundo tan consumista, nos volvemos locos por tener todo lo que vemos u oímos anunciado. Creo que en la vida son más importantes otras cosas y se están dejando de lado valores como la familia, la amistad… Y tampoco es verdad siempre todo lo que dicen de un producto, no debemos dejarnos llevar por la publicidad atractiva.

Presentador: Gracias, Clara. Les recordamos que nuestros micrófonos siguen abiertos para todos aquellos que deseen estar informados.

Unidad 9

Grabación 38

1. Me encantan los dibujos animados. Disfruto mucho viéndolos con mi hijo. Aunque hay veces que los encuentro un poco violentos.

2. Me gustan aquellos en los que hay que pensar, demostrar tus conocimientos. No soporto los que obligan a los participantes a hacer pruebas estúpidas.

3. No veo demasiada televisión. Tengo poco tiempo: el trabajo, la casa…, pero me divierten las que emiten por las noches en casi todas las cadenas. Sobre todo las de producción española. Las hay muy divertidas. Me relajan.

4. Hay mucha gente que los ve para echarse la siesta. Sin embargo, a mí me fascinan. Aprendes un montón de cosas sobre la vida de los animales o la cultura de otros países.

5. A mí me gustaria participar en algún programa de canciones o bailes, como *Operación Triunfo* o *Mira quién baila*, pero mi madre dice que todavía soy demasiado pequeño.

6. Yo empecé a verlas con mi mujer, que le encantan. Pero ahora, soy yo el que no se pierde una. Me parece una buena manera de desconectar de las preocupaciones del trabajo. Y no me importa que tengan muchos capítulos. Cuántos más, mejor.

Grabación 39

1. **Aurora:** ¿Te has enterado de que van a subir las matrículas para el próximo curso?

   Mila: Sí, algo había oído.

   Pedro: Pues yo no tenía ni idea. ¿Cuándo lo han dicho?

   Mila: No lo sé exactamente. Yo me enteré por los periódicos.

   Pedro: Pues a mí no me habías contado nada.

   Aurora: Es que creía que ya lo sabías. ¡Chico, es que no te enteras nunca de nada!

2. **Pilar:** ¿Sabes algo sobre la huelga de transporte?

   Fernando: En el telediario dijeron que está convocada para el jueves.

   Pilar: Ah, no sé por qué pensé que al final habían llegado a un acuerdo.

   Fernando: Oye, hay que avisar a Pedro que seguro que no se ha enterado.

   Pilar: Tienes razón.

   Fernando: Sí, o de lo contrario va a pasarse una semana protestando, porque nadie le había dicho nada.

Grabación ④⓪

Presentadora: Y ahora es el momento de escuchar la opinión de Eduardo Fernández en su tribuna de todos los días.

Eduardo Fernández: Según una encuesta que leí el otro día, el 91% de los españoles considera acertadas las medidas que el Gobierno quiere adoptar contra la llamada telebasura. Sin embargo, muchos creen que las cadenas privadas no tendrán en cuenta estas medidas, porque les merece la pena pagar las sanciones ridículas que les ponen por seguir emitiendo este tipo de programas, aunque, según la encuesta, el 60% de los españoles asegura que nunca los ve. Sin embargo, este dato sorprende cuando nos fijamos en las altas cuotas de audiencia que tienen dichos programas. La conclusión que podría sacarse de esta encuesta es que los españoles ven telebasura, pero les da vergüenza reconocerlo.

Otro dato que podemos sacar de la encuesta es que los telespectadores creen que incluso las cadenas públicas no son un buen ejemplo de calidad. Es evidente que si la televisión pública emitiera programas más atractivos, modernos e interesantes, la guerra por las audiencias estaría más equilibrada. La televisión pública debe encontrar nuevos caminos y olvidarse de viejos programas y viejas glorias.

Por otro lado, está claro que la producción de los programas telebasura es muy ventajosa para las cadenas. No es necesaria una gran inversión de dinero para su realización y su aceptación es prácticamente mayoritaria.

Pero ¿qué pasa con los niños? Muchos padres, por diversas razones, utilizan la televisión como si se tratara de un canguro barato y aparcan a sus hijos delante de la televisión durante horas sin darse cuenta del tipo de programas que se está emitiendo. Esta es la razón por la que el Gobierno quiere eliminar la programación basura del horario infantil. Esperemos que estas medidas alcancen su objetivo.

De todas formas, sabia decisión tomé hace ya más de un año encerrando la televisión en el sótano de mi casa para no verla. Si más ciudadanos adoptaran decisiones semejantes, no reforzando con su visionado programas basura, otra realidad televisiva, en este país, acontecería.

Grabación ④①

Lola: Alejandro, no lo dudes. Hoy en día la radio es el medio de comunicación que mejor imagen tiene entre los españoles.

Alejandro: Sí, ya, pero no me puedes negar que la televisión gana a la radio con creces. Poquísima gente escucha la radio.

Lola: Perdona, pero creo que eso no es así. Hay mucha gente que prefiere la radio para estar informada, porque es mucho más objetiva que la televisión.

Alejandro: No estoy muy de acuerdo con eso, y las cifras están conmigo. Según la última encuesta del CIS, el 83,1% de los españoles ve la tele a diario.

Lola: Ya, pero la mayoría tiene muy mala opinión de la televisión.

Alejandro: Sí, tendrá muy mala reputación, pero todo el mundo la ve, porque es posible que…

Lola: Perdona que te interrumpa, pero…

Alejandro: Espera un momento, déjame terminar. Es posible que la radio sea más educativa, parcial y formativa, pero el siglo XXI es imagen.

Lola: Sí, pero yo creo que la radio posee unas ventajas: inmediatez, cercanía… que no tiene la televisión.

Alejandro: Sí, sí. Si yo no te lo discuto, pero dime cuánta gente conoces que no vea la tele y que solo escuche la radio.

Grabación ④②

1. Esta tarde voy al cine.
2. Quieren viajar a Honduras.
3. No como mucha fruta, aunque hago mucho deporte.
4. Tal vez no esté reparado el televisor.
5. No pude ir a clase, porque estaba enfermo.
6. Anoche llovía y hacía mucho frío.
7. No voy a hacerlo después de lo que me dijo.
8. Mañana por la mañana voy a Toledo, pero vuelvo por la tarde.

Grabación ④③

1. Los estudiantes están en el laboratorio.
2. Nos llamamos, si quieres.
3. Las proposiciones le parecen muy difíciles.
4. Puedes venir a casa cuando quieras.
5. Berta vive en Barcelona.
6. Me gusta mucho el cine, aunque voy muy poco.
7. Primero fuimos al cine y después estuvimos cenando.

Unidad 10

Grabación ④④

Presentadora: Hoy nos acompañan en nuestro programa Pilar y Juan, miembros de la plataforma Derecho a un techo, y Santiago Cabezas, que trabaja en la Oficina de la Vivienda. Buenas tardes a todos y bienvenidos.

Invitados: Hola, hola. Buenas tardes.

Presentadora: Antes de empezar quería preguntarles si nos podemos tutear.

Invitados: Claro, claro. Por supuesto.

Presentadora: Juan, Pilar, ¿cómo definiríais la situación de la vivienda en España?

Juan: Pésima, la verdad. En la actualidad, más de la mitad de los jóvenes entre 20 y 30 años tienen que vivir con sus padres porque no tienen posibilidades económicas para independizarse.

Pilar: Sí, además hay que recordar que ahora mismo hay tres millones de viviendas vacías a las que no se les da ningún uso social.

Santiago: Bueno, yo quería decir que es verdad que tanto la compra como el alquiler de un piso tienen unos precios muy elevados, pero no creo que haya que exagerar tanto…

Pilar: ¿Que estoy exagerando? ¿Sabes cuánto gano yo al mes?

Santiago: ¿Me dejas terminar, por favor? Todavía no he acabado.

Pilar: Sí, sí, disculpa.

Santiago: Lo que yo quería decir es que creo que la situación no es tan mala, porque ahora se han puesto en marcha varios planes de vivienda y de ayudas para jóvenes que están funcionando muy bien y que…

Juan: ¿Puedo decir algo?

Santiago: Un momento, por favor, ya termino.

Juan: Claro, claro, perdona, sigue.

Santiago: Lo que estaba diciendo es que están funcionando muy bien y que gracias a estos planes muchos jóvenes con ingresos bajos están accediendo a una vivienda. Pero lo que también quiero comentar es que muchos jóvenes tienen que tener muy claro que estas viviendas están un poco alejadas del centro de las ciudades o, incluso, en otras localidades adyacentes, porque es donde hay terrenos.

Pilar: ¿Qué quieres decir con esto último?

Santiago: Pues que muchos jóvenes no solicitan este tipo de viviendas porque quieren una vivienda que esté en el centro de la ciudad y eso no puede ser.

Juan: Bueno, esto es increíble. Ahora va a ser culpa nuestra…

Santiago: Quiero dejar bien claro que mi intención no es culpar a los jóvenes de la situación actual de la vivienda…

Presentadora: Siento tener que interrumpir esta conversación tan interesante, pero nuestros compañeros de informativos nos están pidiendo paso.

Grabación 45

Contestador automático: Tiene cuatro mensajes nuevos. Mensaje número 1 recibido ayer a las 15.00 horas.

Madre de Luis: Hola, cariño. Nunca te pillo, ¿eh? Y ya sabes que no me gusta nada llamarte al móvil. Solo quería decirte que no se te olvide que el domingo tu tía Concha celebra su cumpleaños y que tienes que llevar tú la tarta de la pastelería esa tan buena que hay debajo de tu casa. Un beso.

Contestador automático: Mensaje número 2 recibido ayer a las 17.00 horas.

Adolfo: Hola, Luis. Te estoy llamando al móvil, pero no me lo coges. ¿Dónde estás? Oye, ¿te apetece venir a cenar a casa el sábado por la noche? Intenta confirmármelo cuanto antes, por favor, es que quiero hacer comida japonesa y tengo que ir a hacer la compra. Adiós.

Contestador automático: Mensaje número 3 recibido hoy a las 18.30.

Claudia: Hola, papá. ¿Se te ha estropeado el móvil? Es que te estoy llamando, pero no me lo coges. En fin, que llego mañana sobre las dos de la madrugada, más o menos. ¿Puedes venir a recogernos a Nacho y a mí al aeropuerto, por favor? Es que a esas horas ya no hay metro y en el viaje nos hemos gastado todo el dinero y no tenemos para un taxi. Si no puedes, por favor, llámame o escríbeme un mensaje al móvil, ¿vale? Besotes.

Grabación 46

1. Los verbos es lo más difícil del español.
2. No tengo tan claro que vaya a venir.
3. Muchos lunes no viene a trabajar…
4. Creo que ese restaurante es un poco caro.
5. Felipe se arregla mucho últimamente…
6. La situación laboral de la mujer tiene que cambiar ya.
7. El precio de la vivienda es abusivo.
8. Tengo entendido que alquilar en esta zona es imposible.
9. Sales mucho a comer con Juan…

Grabación 47

1. Me levanto, hago un poco de ejercicio, me ducho y desayuno.
2. Juan estudia Medicina, Sofía Periodismo y Pablo Filología.
3. De primero tenemos: sopa de pescado, lentejas, ensalada mixta, gazpacho…
4. Voy al gimnasio, hago yoga y nado.
5. Corta la tela, pega la cartulina y haz un agujero en el centro.
6. Ve a la cocina, coge un poco de agua y riega las plantas.

Grabación 48

Esta mañana un centenar de efectivos de los Mossos d'Esquadra y de la Guardia Urbana han desalojado sin resistencia de sus ocupantes una antigua fábrica ocupada situada en el distrito de Sant Martí de Barcelona conocida como La Makabra. La Policía llegó a las 7.45 a los alrededores de la vivienda para hacer efectivo el desalojo, según informaron los Mossos d'Esquadra. En el interior de la casa se encontraban unas 90 personas que comenzaron a salir de la fábrica dos horas después de que llegaran los agentes sin que se registraran incidentes. En el interior de las naves, los *okupas* disponían de una zona para practicar juegos malabares y números de circo y dos pistas para patinadores, según informó hoy a Europa Press un portavoz del colectivo *okupa*. Esta nave la utilizaban gente del circo, del teatro y de la música para ensayar. Además, también era utilizada por los jóvenes para patinar después de la prohibición de hacerlo por las calles de la ciudad. Algunos de los jóvenes *okupa* se han mostrado visiblemente indignados, ya que no había orden previa de desalojo.

Unidad 11

Grabación 49

Presentadora: Les recuerdo que en el programa de hoy estamos tratando el tema de la formación en línea. Por eso ayer les formulábamos estas dos preguntas: ¿Ha realizado algún curso en línea? ¿Qué opina de ellos? Y estos son los mensajes que algunos oyentes han dejado en el contestador de nuestro programa.

Mensaje 1: Hola, me llamo Pancho y acabo de finalizar un curso de *software* y la verdad es que me ha gustado mucho.
Una de las razones por las que lo hice fue que los contenidos que ofrecían eran justo los que yo necesitaba y su precio estaba al alcance de mi bolsillo.
Para mí, una de las grandes ventajas de este tipo de cursos es que uno se pone enfrente de la pantalla del ordenador cuando quiere o puede, porque cuando estás trabajando es más difícil sacar tiempo. Además, para los que trabajamos nos ofrece la oportunidad de seguir formándonos. También debo decir que a veces se hace un poco cuesta arriba, porque te exige más fuerza de voluntad. Cuando llegas a casa cansado, tienes que hacer un gran esfuerzo para volver a sentarte delante de un ordenador.

Mensaje 2: Hola, me llamo Laura y me he informado varias veces sobre másteres en línea, pero me parece que son muy caros. Por un poco más de dinero se puede hacer uno presencial que creo que es mejor, ya que la formación en línea puede tener algunos problemas como, por ejemplo, el aislamiento y la distancia, que puede desmotivar a algunas personas a lo largo del curso. Además, si se te estropea el ordenador o tienes algún problema informático y no puedes solucionarlo tú, tienes que esperar a que te lo solucionen para poder seguir trabajando. No sé, a mí no convence mucho.

Mensaje 3: Buenas, soy Ana. Yo no he hecho nunca un curso de este tipo porque creo que tiene más desventajas que ventajas. Por ejemplo, el autoaprendizaje es muy duro y hay gente que se desanima y desmotiva fácilmente y si no tienes un tutor que sepa motivarte, el abandono es casi seguro. Además, ¿qué haces si el curso y el resto de los estudiantes tienen un nivel más alto del que tú tienes? ¿Tu tutor te da más material de refuerzo? ¿Qué haces en los debates,

no intervienes? No sé, a mí hay muchas cosas que no me gustan mucho.

Mensaje 4: Mi nombre es Mayte y ya voy a realizar mi tercer curso en línea. Para mí este tipo de cursos es estupendo porque yo vivo en un pueblo muy pequeñito y antes, cada vez que quería apuntarme a alguno, tenía que trasladarme y esto me suponía tanto una gran inversión económica como problemillas para compaginar los horarios con mi vida diaria. Si no fuera por la posibilidad de estudiar desde casa, me resultaría muy complicado seguir formándome.
También quiero decir que es aconsejable antes de matricularse en uno leer toda la información muy bien y entrar en foros para ver la opinión de otros que hayan realizado ese curso. Está claro que no nos podemos dejar influir por el aspecto estético de la página porque, como en todo, hay desde buenísimos a pésimos cursos. Además, algunos ofrecen herramientas de comunicación que luego no sirven para nada porque dan muchos problemas.

Grabación 50

Silvia: Mira, en primer lugar se conecta el cable al puerto USB del ordenador…
Noelia: Ummm... Ya está conectado.
Silvia: Ahora, vamos a ver… Se selecciona el programa de descarga. ¿Lo ves? Y simplemente se hace doble clic…
Noelia: Vale, ya está. ¿Y ahora?
Silvia: Ahora se especifica la carpeta del ordenador al que se van a descargar las fotos y se pulsa *aceptar*… Ahora ya sabes cómo se hace para otra vez.
Noelia: Sí. ¡Qué fácil!

Grabación 51

1. Me llamo Robert Stern. Ya he terminado la carrera de Finanzas en mi país. Mi padre me ha aconsejado que mejore mi español para poder presentarme a un examen de nivel superior, porque ha oído que una empresa muy importante de Chile va a abrir una sucursal en nuestro país el año que viene y para trabajar en ella exigen el título oficial que acredite que tengo ese nivel.

2. Hola, soy Anna Perini. Tengo quince días de vacaciones y, además de descansar con toda mi familia y disfrutar de la playa, me gustaría mejorar mis conocimientos de español, porque a veces por mi trabajo viajo a países hispanohablantes y, aunque todas las reuniones son en inglés, me gusta comunicarme con la gente en su propio idioma, poder leer la prensa o ver la tele en español…

3. Soy Carlos Mendoza y soy jefe de personal de una empresa. Actualmente tenemos en plantilla nueve personas que han venido a trabajar desde otros países y necesitan aprender español, porque parte

de su trabajo lo van a tener que realizar
con empresas españolas.

4. Hola, me llamo Sheila y antes de empezar la
universidad en mi país, me gustaría viajar un poco
y mejorar mi español, ya que quiero estudiar
Turismo y es importante saber varios idiomas. Pero
no solo quiero estudiar, también quiero descansar,
conocer sitios y disfrutar un poco de la playa.

Grabación 52

1. Le agradecería que no fumara.
2. Quisiera hablar con el director de la escuela.
3. Te ruego que no grites.
4. Te agradecería que abrieras la ventana.
5. Quisiera ver los resultados del examen.
6. Le pediría que fuera más correcto.

Grabación 53

1. Levántate más temprano y así llegarás a tiempo.
2. Calla, que este debate está muy interesante.
3. Más despacio, por favor.
4. Ven rápido, que te lo vas a perder.

Grabación 54

1. Os agradecería que me comprarais el periódico.
2. Te ruego que tengas paciencia.
3. Llamadme en cuanto lleguéis.
4. ¡Tú hazle caso!
5. Quisiera que me trajera la cuenta, por favor.
6. No fumes tanto.

Unidad 12

Grabación 55

Martín: ¿Han pensado ya en algo para el puente?
Isa: Yo sí. Os propongo que vayamos a Madrid.
Hay un montón de cosas que ver. Podemos
ir en tren o en autobús, lo que prefiráis. Incluso
en coche.
Fede: No sé, Isa… Ir en coche es un palizón,
y el autobús tarda mucho. En tren, todavía, pero
de todas formas, entre el viaje de ida y el de vuelta
perdemos todo un día. ¿No querríais ir a un sitio
que estuviera más cerca para aprovechar más
el tiempo? Además, Madrid siempre está lleno
de gente.
Carolina: Yo estoy de acuerdo con Fede, es mejor
no ir tan lejos.
Isa: Bueno, como veáis. ¿Qué sugerís vosotros?
Fede: Yo propongo que nos vayamos de acampada
a la sierra.
Martín: ¡Genial! Espera… Lo que pasa es que en mi
tienda de campaña no cabemos todos.
Fede: No hay problema, hombre. Pedimos prestada
una más grande o la alquilamos, que no cuestan
mucho.
Carolina: Sí, suena bien. Lo que pasa es que en estas
fechas… No sé yo. ¿No nos lloverá?

Fede: Igual sí, lo ha dicho el hombre del tiempo.
Isa: ¿Entonces?
Carolina: ¿Y no os apetecería ir a una casa rural que
esté más cerca, en vez de ir a la sierra? Yo he ido
a varias y se está fenomenal. Podemos pasear
por el campo y visitar algunos pueblos. Y si llueve,
siempre podemos quedarnos en la casa y
escuchar música, jugar a las cartas o lo que sea.
Fede: A mí me encantaría. ¿Qué os parece al resto?
Isa: A mí me parece bien.
Martín: Sí, a mí también me apetece mucho.

Grabación 56

Desde hace muchos años científicos, médicos y
psicólogos han venido estudiando la relación entre los
colores y el estado de ánimo. Hoy sabemos que
los colores, además de provocar diferentes reacciones
emocionales, mejoran –o empeoran, depende– el
humor, el bienestar y la paz interior. Es más,
parece que los colores, más que verse, se sienten;
es decir, están más relacionados con el corazón
que con la cabeza.
Distinguimos, por lo general, tres tipos de colores:
activos, pasivos y neutros. Los primeros son los que
solemos llamar cálidos: amarillo, rojo y naranja, y
suelen inspirarnos sensaciones positivas.
Son ideales, por ejemplo, para pintar o decorar
oficinas, cocinas y lugares de estudio.
Los colores pasivos son los generalmente
denominados fríos, que nos dan sensación
de tranquilidad y de frescura. Los espacios
más privados de una casa, como los dormitorios
o el cuarto de baño, son ideales para decorarlos
con azules o verdes, por ejemplo.
Por último, llamamos neutros a los tonos con poco
color, como el blanco, el beis o el gris en sus
diferentes tonalidades, muy adecuados para pintar
los pasillos o zonas de transición entre las diferentes
habitaciones.

Grabación 57

1. ¿Qué decía la carta?
2. ¿Vuelves hoy o mañana?
3. ¿En qué puedo atenderle?
4. ¿Se lo dices tú o se lo digo yo?
5. ¿Sabes cómo se hace esto?
6. ¿Dónde has leído eso?
7. ¿Va a venir Juan a trabajar?
8. ¿Le quiere dejar un recado o prefiere llamar
más tarde?

Grabación 58

1. ¿Me ayudas a bajar estas bolsas?
2. ¿Vendrás a comer con nosotros?
3. ¿Verdad que la película es muy buena?
4. ¿A que hoy está muy guapa?
5. ¿Te importa dejar esto ahí?
6. ¿Pero dijo que no fuéramos?
7. ¿Puedes venir un momento?

SOLUCIONES

SOLUCIONES

Unidad 1

1.a
1. abonar/extra/servicio
2. respetar/integrarse
3. llevar
4. compañía
5. antelación

1. gastos
2. disponen/equipada
3. cuenta/ropa
4. conexión
5. zonas

1.b
1. … lleve a amigos a la casa.
2. … respete los horarios, costumbres y normas de la familia.
3. … que este pague una cantidad extra de 12 €.
4. … fumar.
5. … pague los gastos de luz y agua.
6. … llevar animales de compañía a la casa de la familia.
7. … cocinar y lavar la ropa, ya que disponen de todo lo necesario.
8. … que el estudiante avise con antelación.
9. … lleve ropa de cama, pero sí toallas.

2.a
Verdaderas: 3
Falsas: 1; 2; 4

2.b
1. Cuánto; qué; presentarte; encantado
2. ganas; tirando
3. Cómo; Estupendamente
4. placer

3
1. Aurelia es la chica morena que está sirviendo las bebidas.
2. Antonio y Marta son los que están bailando salsa.
3. Teresa es la chica que está al lado de la ventana.
4. Claudia y Paquita son las de las faldas largas.
5. Luis es el chico con barba que está sentado al lado de Teresa.
6. Marcos y Encarna son los chicos que están poniendo la música.
7. Mis amigos son los de la mesa del fondo.
8. Clara, Laura y Diego son los chicos que están preparando los canapés.
9. Roberto y Sergio son los chicos rubios que están hablando con Claudia y Paquita.
10. Mercedes es la del vestido verde.

4.c
1. aprendas; escribir
2. hagas; hablar
3. hables; ver; escuchar
4. escribas; intentes; leer

4.d
El consejo n.º 1 es para Peter.
El consejo n.º 2 es para Ernest.
El consejo n.º 3 es para Marco.
El consejo n.º 4 es para Christine.

5.a
1-a; 2-e; 3-c; 4-b; 5-f; 6-d

6.a
1. sean
2. haya
3. compartes
4. puedas

5. organicen
6. encuentres
7. hacer
8. haya

6.b
Puede/Es posible que + subjuntivo
Quizá(s)/Tal vez/Posiblemente/Probablemente/ Seguramente + indicativo/subjuntivo
Ejemplo: Probablemente en el campus se organicen actividades para los estudiantes.
A lo mejor + indicativo
Ejemplo: A lo mejor compartes la habitación con otra persona.

7.a
1. Me dirijo a ustedes…
2. Primeramente, como se decidió…
3. En segundo lugar, se procurará que…
4. Para finalizar, no olviden…

7.b
Estas soluciones corresponden a la carta ya ordenada debido a; como; gracias a; por culpa de; por esta razón

7.c
1. En esta residencia es muy difícil descansar por culpa del ruido.
2. Me resultó muy fácil acostumbrarme a la vida en la residencia gracias a que me ayudaron mucho.
3. No me fui a trabajar a Alemania, porque/ya que no conseguí el puesto./Como no conseguí el puesto,…

7.d
1. No me ha costado nada acostumbrarme a la vida aquí gracias a la ayuda de mis compañeros.
2. Han prohibido hacer fiestas porque mucha gente se ha quejado.
3. Como no conseguí una beca Erasmus, no he podido irme a estudiar un año al extranjero.
4. He llegado varias veces tarde al trabajo por culpa del tráfico.
5. Al final no he solicitado la beca, ya que/porque no aprobé en septiembre las dos asignaturas que me quedaron.

8.a

	ESTÁ A FAVOR DE LA EDUCACIÓN A DISTANCIA	ESTÁ A FAVOR DE LA EDUCACIÓN PRESENCIAL	¿POR QUÉ?
Mario	x		Porque permite que la gente pueda estudiar, aunque tenga problemas de trabajo o se encuentre en una ciudad en la que no hay la carrera que quiere estudiar.
Lucía	x		Porque puede organizarse el tiempo como ella quiere.
Juan		x	Porque para él es fundamental el contacto con profesores y compañeros.
Fátima	x		Porque permite conocer a gente de muchos países.
Paula		x	Porque permite la interacción cara a cara con otras personas.

10.b
1. El gato está jugando debajo de la mesa.
2. El subdelegado eligió el mejor regalo.
3. Tienes que elegir bien el traje para el cumpleaños de Jorge.
4. Es absurdo que digas esas cosas.
5. Los agentes protegieron al subinspector.
6. A Guillermo le han regalado un juguete muy divertido.

Autoevaluación

1 1-a; 2-c; 3-a; 4-c; 5-c; 6-b; 7-c; 8-b; 9-a; 10-b

2 1-c; 2-b; 3-a

Unidad 2

1.a 1-e; 2-d; 3-b; 4-c; 5-f; 6-a

1.b 1-f; 2-e; 3-b; 4-c; 5-d; 6-a

3.b 1. En una oficina del INEM.
2. En un ayuntamiento.
3. En un banco.
4. En una oficina de Correos.

4 ¿en qué puedo ayudarle?; le interesaría; le importaría; Disculpe, pero; Me permite; muy amable; No hay de qué

5 Antes; Después; Una vez; Tan pronto

6.a
1. tenga
2. firme
3. tirar
4. hacer
5. enviemos
6. llegue

6.b El contrato con la compañía eléctrica: 4
Un recibo de compra: 3
Un seguro médico: 2
Una tarjeta de crédito: 5
Un contrato de crédito personal: 1
Una factura: 6

7.a
1. F
2. P
3. F
4. F
5. P
6. F
7. F
8. F

7.b
1. llegues
2. cenar
3. recibamos
4. llame
5. llegar
6. quieras
7. tengas
8. digas

8.a 1-c; 2-b; 3-a

8.b
1. E
2. O
3. O
4. O
5. O
6. E
7. E
8. O

9.a Fragmento A: reclamante
Fragmento C: reclamado
Fragmento D: reclamación
Fragmento E: motivo; cargo; solicita; presupuesto

9.b Orden: C, B, D, E, A

10.a 1, 2, 4, 7, 9, 10

10.b
1. vayamos
2. intentes
3. debes
4. salir
5. estás
6. va
7. poner
8. tienes
9. se quede
10. regale

11.a
1. convalidar
2. explique
3. recoger
4. ponga
5. revisen
6. firmes
7. salga
8. hablar

11.b En las oraciones 2 y 3.

13.a 1-b; 2-f; 3-h; 4-d; 5-e; 6-a; 7-c; 8-g

14 1. cualquier
2. cualquiera
3. cualquier
4. cualquiera de
5. cualquier; cualquiera
6. cualquiera de

15.b

	SE PRONUNCIA COMO *Y*	SE PRONUNCIA DE FORMA DISTINTA
llave	X	
lluvia		X
calle	X	
medalla	X	
llorar		X
pollo	X	
llevar		X
batalla		X

16.a y
hierba/yerba; hierbabuena/yerbabuena; hiedra/yedra

Autoevaluación

1 1-b; 2-a; 3-c

2 1-b; 2-b; 3-a; 4-c; 5-b; 6-a; 7-b

Unidad 3

1 Historia: argumento, guión
Escenografía: vestuario, decorado, efectos especiales, banda sonora
Personas: secundario, extra, guionista, productor, protagonista, interpretación

2 Verdaderas: 1; 4
Falsas: 2; 3; 5

3.a Ciencia ficción: *2001: una odisea en el espacio*
Histórica: *Ben-hur*
De miedo: *Los otros*
Musical: *Sonrisas y lágrimas*
De amor: *Ghost*
Comedia: *Belle époque*
De aventuras: *El señor de los anillos*
De acción: *Speed 2*

4 Ana: buena; Alfredo: mala; Raquel: mala; Quique: regular; Rosa: buena; Javier: regular

5.a 1. No me suena.
2. ¿Y de qué va?
3. Trata de
4. es un drama duro, duro
5. cómo se llamaba
6. yo lo tengo en la punta de la lengua
7. es superbuena

6.a 1. No.

2. Que a veces se perdía y le costaba entender la historia.

6.b
1. Antonio Banderas se enfrenta con *El camino de los ingleses* a su segundo trabajo tras la cámara.
2. … es definitivamente la más personal.
3. Su evidente carácter literario hace que la película transcurra por las vías de la metáfora obligando al espectador a hacer un claro esfuerzo de interpretación.
4. Banderas combina a la perfección los momentos dramáticos con los humorísticos…
5. … sin caer en la lágrima fácil.

8.a
Verdaderas: 1; 3; 4; 5
Falsas: 2

8.b
Indudablemente…; Yo no lo veo tan claro; Es cierto, pero…; Estoy totalmente de acuerdo; Por supuesto; De ninguna manera; Yo no estoy de acuerdo con lo que dices; Para mí, lo más importante es…

9.a
decir; hacer; poder; poner; ir; querer; tener; saber; caber; dar; andar; traer; venir

9.b
1. vinieras
2. trabajaras
3. viviera
4. hubiera
5. vierais
6. celebráramos
7. dieran

10.a
1. ¡Ojalá tuviera dinero!
2. ¡Ojalá fuera mayor de edad!
3. ¡Ojalá tuviera una casa más grande!
4. ¡Ojalá me seleccionaran!
5. ¡Ojalá no viviera tan lejos!

11.a
1. Señoras y señores, antes de nada…
2. Para empezar, me gustaría…
3. Por eso, creo que revisar…
4. Por otro, en el año 1992…
5. Actualmente, la industria del cine…
6. Otro de los caminos que ha emprendido…
7. Esta tecnología es una de las grandes salidas…
8. Sin embargo, muchos directores creen que…
9. Finalmente, me gustaría decir que…
10. Nuevamente, muchas gracias por…

11.c
Iniciar un discurso: Me gustaría empezar recordando…; Quisiera decir algo…
Enumerar: Lo primero es… También hay que señalar… y para terminar…; Primeramente… En segundo lugar…
Concluir un discurso: Por último, solo me queda decir…; Gracias por su atención.

12.a
1. lado
2. cero
3. isla
4. tila
5. cola
6. llamar
7. tira
8. salir
9. burla
10. polo
11. sol
12. corto
13. pilar
14. prieto
15. color
16. colmo
17. alto
18. celo
19. coro
20. lisa

14
1. expresivo
2. escoger
3. exculpar
4. exilio
5. exhibición
6. explicar
7. exigente
8. extraescolar
9. eslabón
10. explosión
11. extraoficial
12. espléndido
13. exceso
14. espontáneo
15. expansión
16. expatriar

Autoevaluación

1   1-a; 2-b; 3-a; 4-c

2   1-a; 2-a; 3-b

Unidad 4

1.c
1. Entrarían por la puerta de la terraza.
2. Habrán estado vigilando la casa durante varios días.
3. Probablemente no les daría tiempo.
4. Querrían solo dinero y cosas pequeñas, que pudieran esconder con facilidad.
5. Estarían buscando dinero, hay gente que lo esconde en los libros.
6. Se les caerían al marcharse.

2.a
1. ha llovido
2. Habrá llovido
3. eran
4. Serían
5. llama
6. llamará
7. habían enfadado
8. habrían enfadado
9. viene
10. vendrá

3
«Cada vez se cometen más delitos en nuestra ciudad», afirma el jefe de la Policía local
La Policía detiene a dos sospechosos acusados del atraco a la joyería de Elche
Los testigos acuden mañana a declarar ante el juez bajo protección policial
Los detenidos prestarán declaración hoy ante el juez. Están acusados de atraco a mano armada

4.a   Orden: D, B, F, A, C, E

4.b
Verdaderas: 1; 3; 5
Falsas: 2; 4

5
1. Te acuerdas
2. me acuerdo
3. Recuerdo
4. recuerdas
5. te acuerdas
6. recordar
7. recordar
8. acuérdate

6.a   intermitente, rueda, faro, limpiaparabrisas

6.b
1. embrague
2. freno de mano
3. freno
4. volante
5. limpiaparabrisas
6. intermitente
7. maletero
8. acelerador

7 1-b; 2-c; 3-a; 4-b; 5-b

8.a A favor: 2; 4
En contra: 1; 5
Con dudas: 3; 6

9.a 1-c; 2-c; 3-a

9.b 1-c; 2-h; 3-f; 4-g; 5-a; 6-i; 7-d; 8-e; 9-b

9.c 6 puntos: conducir con una tasa de alcoholemia superior a 0,5 mg/l y conducir de forma temeraria o en sentido contrario
4 puntos: saltarse un semáforo en rojo o un *stop* y circular marcha atrás en una autopista o una autovía
3 puntos: conducir hablando por el teléfono móvil y no llevar puesto el cinturón de seguridad o el casco
2 puntos: usar un detector de radares y no llevar el alumbrado cuando es obligatorio

9.e 6 puntos: conducir bajo los efectos de sustancias estupefacientes y negarse a someterse a la prueba de alcoholemia
4 puntos: arrojar por la ventanilla objetos que puedan producir incendios u otro tipo de daños
3 puntos: no mantener la distancia de seguridad
2 puntos: parar el coche en zonas de riesgo y en zonas destinadas a la circulación del transporte público o de los peatones

10.a 1-c; 2-a; 3-e; 4-f; 5-g; 6-h; 7-d; 8-b

10.b tan; tanto; modo

11.a 1. sabado
2. armario
3. azucar
4. lapiz
5. corazon
6. risa
7. hipopotamo
8. adios
9. azul
10. movil

11.c 1. sábado
2. armario
3. azúcar
4. lápiz
5. corazón
6. risa
7. hipopótamo
8. adiós
9. azul
10. móvil

12.b 1. cóctel: inglés
2. champiñón: francés
3. espagueti: italiano
4. líder: inglés
5. arroz: árabe
6. aceituna: árabe
7. eslogan: inglés
8. alcachofa: árabe
9. diseño: italiano
10. béisbol: inglés
11. azafrán: árabe
12. garaje: francés

Autoevaluación

1 1-a; 2-b; 3-b; 4-c; 5-b; 6-a

2 1-b; 2-a; 3-b; 4-c

Unidad 5

1.a 1. Para mí, viajar es una manera de cambiar la rutina de todos los días…
2. Sí, ya, pero…
3. Claro que sí, pero los viajes te abren nuevas perspectivas,…
4. No sé… Yo pienso que los viajes son solo un invento de nuestra sociedad…
5. No estoy de acuerdo en absoluto…
6. Mira, estoy totalmente de acuerdo contigo…
7. Bueno, claro que el turismo mueve dinero,…
8. Bueno, visto de ese modo,…

1.c Expresar acuerdo: Claro que sí; Estoy totalmente de acuerdo contigo en...
Expresar desacuerdo: No estoy de acuerdo en absoluto.
Presentar un contraargumento: Sí, ya, pero...
Preguntar si se está de acuerdo o en desacuerdo: ¿No crees que es una buena inversión?

1.d Expresar acuerdo: Desde luego; Sin duda; Pues sí.
Expresar desacuerdo: Creo que te equivocas; Pero ¿qué dices?; A mí no me lo parece; Nada de eso.
Presentar un contraargumento: Puede que tengas razón, pero…; De acuerdo, pero…
Preguntar si se está de acuerdo o en desacuerdo: ¿Qué te parece…?; ¿No te parece que…?

2 1. solo lo puede utilizar el titular
2. Si anula el billete
3. Compruebe la hora límite de aceptación del vuelo; llegar con bastante antelación
4. le den la tarjeta de embarque
5. en primera clase y preferente
6. En caso de pérdida o daños en el equipaje
7. Si a pesar de tener confirmada la reserva
8. la devolución del importe del billete
9. Si el vuelo se cancela

3.b Íbamos; paramos; Llegamos; cenamos; preguntamos; podíamos; fuimos; teníamos; era; aparcamos; estuvimos; estábamos; fuimos; quedamos; despertó; era; pegamos; salí; pasaba; encontré; Estaban; pasó; di; era; pensó; estábamos; montamos; pasaba; paraba; unía; tuvimos; convirtió/había convertido; tenía; iba

3.c 1. pretérito imperfecto
2. pretérito indefinido
3. pretérito pluscuamperfecto

4 llevaban; amontonaban; había comprado; venían; sacaba; había olvidado; traía; tardó; había comprado; Miró; tenía; había costado; Abrió; era

5 1-d; 2-e; 3-f; 4-a; 5-c; 6-b

6 La huelga ha sido desconvocada por el sindicato de pilotos
Los ladrones del barrio de Villegas fueron detenidos tras atracar un banco
Los pasajeros de Air-Viv serán indemnizados un año después de sus reclamaciones

La compañía Plastic S. L. ha sido denunciada por verter al río sustancias contaminantes/sustancias contaminantes al río

7.a
1. ◆ Me voy a la cama, hasta mañana.
   ◆ Hasta mañana. ¡Que descanses!
2. ◆ Pablo está en la cama con gripe, me voy a verlo.
   ◆ Vaya, no sabía nada. ¡Que se mejore!
3. ◆ Nos vamos a la fiesta de Laura, ¿vale?
   ◆ Muy bien. ¡Que os lo paséis bien!
4. ◆ Bueno, se acabó la semana. Nos vemos el lunes.
   ◆ ¡Que pases un buen fin de semana!
5. ◆ Mañana tengo el examen de la oposición.
   ◆ ¡Que tengas mucha suerte!
6. ◆ Hasta luego, me voy a comer.
   ◆ ¡Que aproveche!

8.a 1-c; 2-a; 3-b

8.b
1. Es muy raro que haya desaparecido.
2. No creo que llegue a tiempo.
3. Espero que no lo hayamos tirado a la basura con otros papeles.
4. Me extraña que se haya caído detrás del armario.
5. Es extraño que no lo encuentre ahora.

9 hayan llamado; hayan perdido; haya pasado; tarden; hayan llegado; hayan dicho; hayan llamado; haya llegado; hayan avisado

11
1. La mitad de los turistas que nos visitan vuelven de nuevo a nuestra ciudad.
2. Un tercio de los turistas era de nacionalidad alemana.
3. El año pasado vinieron cincuenta personas de nacionalidad inglesa; este año ha venido el triple.
4. Entonces has ido el doble de veces que yo.
5. Del grupo de cien personas que hicieron el viaje, una cuarta parte quiere volver a hacerlo.

12
1. igual; barata
2. más; que
3. de lo que; más; que

13.a Marcos: Podíamos ir este año a Galicia. ¿Qué os parece?
Elena: Bueno, a mí me da igual. Para mí, cualquier sitio es bueno.
Rosa: ¿No os parece que podríamos hacer un viaje distinto? A mí me encantaría visitar Chile, Costa Rica...
Marcos: Sí, ya, pero es que solo tenemos diez días de

vacaciones y yo no quiero pasarme la mitad del tiempo de un sitio para otro.
Elena: En eso sí que estoy de acuerdo. Tenemos que aprovechar bien los diez días.
Rosa: Por supuesto, yo no estoy diciendo que tengamos que visitar los dos países. Pero uno de ellos...
Mirad qué oferta para conocer Costa Rica. ¿Qué os parece?
Elena: Pues a mí fenomenal. ¿Marcos?
Marcos: Bueno...
Rosa: Bien, pues vamos a la agencia. Estuve ayer allí y me dijeron que nos diéramos prisa.
Marcos: Pero te dijeron que habría plazas, ¿verdad? A ver si ahora vamos y nos dicen que no hay plazas.
Elena: Venga, hombre, no seas tan negativo. Vamos ahora mismo y lo dejamos todo solucionado.

14
1. Sí	8. te; el
2. te; té	9. Te; te
3. se; de	10. tu
4. sé	11. se; él; mí
5. sé; él; sí	12. te; Sé; te
6. Si	13. sí
7. tú; mi	14. tu; Se

15.b
1. como	6. que
2. Cuando	7. Quién
3. quién	8. Cómo
4. qué	9. cuándo
5. donde	10. Dónde

Autoevaluación

1 1-c; 2-a; 3-b

Unidad 6

1
1. entrevista	8. indefinido
2. director	9. puesto
3. carrera	10. jubilado
4. paro	11. sueldo
5. contrato	12. huelga
6. laboral	13. extra
7. partida	14. pagado

2 1-d; 2-a; 3-c; 4-b

4

	N.º 1	N.º 2	N.º 3	N.º 4	N.º 5
Hasta el momento nunca ha trabajado.		X			
Trabaja una tarde a la semana.				X	
Va a realizar una entrevista.					X
Ayuda en el cuidado de sus nietos.			X		
Si trabaja por la noche, termina muy cansada.	X				

5.b Verdaderas: 1; 3
Falsas: 2; 4; 5

6.a
1. Es realmente alucinante que no contemplaran otra medida, ¿no?
2. ¡Ya era hora! Es una pena que llevara tantos años en ese puesto.

3. Cuánto lamento que a usted solo le interese el dinero que lleva consigo este cambio.
4. Pues me alegra que vaya a trabajar con nosotros, porque aquí hace falta una mano femenina.

6.b
1. sepas
2. sea
3. dijera(n)

4. siguieras
5. reunieran; estén
6. pagaran
7. dé
8. trabajara

8.a Los jóvenes se quejan de la inestabilidad laboral.
Algunos creen que los jóvenes tienen que cambiar su mentalidad.
Algunos opinan que el Gobierno ha mejorado el tipo de contratos laborales.

9
1. es	7. Es
2. está	8. está
3. está; es	9. ser
4. está	10. está
5. es	11. Está
6. es	

10.a 1-h; 2-d; 3-e; 4-f; 5-g; 6-a; 7-b; 8-c

11.a
1. Bárbara Allende Gil de Biedma.
2. De una estrella de un mapa celeste imaginario inventado por el pintor el Hortelano.
3. Ninguno, porque iba a estudiar Bellas Artes, pero no pudo ingresar en ninguna escuela.
4. Que pinta con acuarela fotos en blanco y negro.
5. Actualmente trabaja con el director de cine Rafael Gordon en el montaje de la película *La mirada de Ouka Leele*.

11.b En principio; Posteriormente; Desde entonces; Además; También; En la actualidad

12.a 1-e; 2-d; 3-a; 4-b; 5-c

13.a Para cerrar: en conclusión, para finalizar, para terminar
Para contrastar ideas: sin embargo, por el contrario, en cambio
Para introducir una consecuencia: así que, por eso, por lo tanto
Para reforzar un argumento: desde luego, por supuesto
Para empezar: primeramente, para comenzar, en primer lugar
Para aclarar o reformular: mejor dicho, dicho de otro modo, en otras palabras
Para añadir información: además, asimismo, de igual modo
Para introducir un tema: en cuanto a, en lo que se refiere a, respecto a

13.b
1. Desde luego/Por supuesto
2. Primeramente/En primer lugar/Para comenzar
3. sin embargo
4. así que/por eso
5. En cuanto a/En lo que se refiere a/Respecto a
6. mejor dicho

14.a
1. llueve
2. necesitara
3. pierdo
4. piden
5. mejorara; pudiéramos

14.b menos probabilidad

16.b Por fin estaba en mi tierra añorada. La estela se podía contemplar en el azul del mar. Al bajar a la playa, observé cómo en la orilla permanecía una estrella buscando ansiosamente que la espuma mojara alguno de sus

brazos. Durante el paseo por la arena, contemplé cómo una extranjera hacía fotos de tan bella estampa.

Autoevaluación

1 1-e; 2-b; 3-g; 4-a; 5-c; 6-h; 7-d; 8-f

2 1-a; 2-b; 3-c; 4-c; 5-a; 6-c

3 1-b; 2-a; 3-a

Unidad 7

1.a 1-a; 2-b; 3-c; 4-b; 5-c; 6-b; 7-a; 8-b

1.b Verdaderas: 1; 3
Falsas: 2; 4; 5; 6

2
1. colaborar	5. recoger
2. participar	6. mejorar
3. convocar	7. luchar
4. producir	8. ocuparse

4
1. ONU	3. CC OO
2. UE	4. PSOE, PP

5.b 1-b; 2-c; 3-a

5.c
ofrecer: ofrecimiento	demandar: demanda
cooperar: cooperación	enriquecer: enriquecimiento
intercambiar: intercambio	aprender: aprendizaje

5.e
1. la honradez	9. la creatividad
2. la actualidad	10. la niñez
3. la sensibilización	11. la sencillez
4. la sencillez	12. la inquietud
5. la colaboración	13. la exactitud
6. la comprensión	14. la movilización
7. la juventud	15. la crueldad
8. la vejez	16. la decisión

6
1. debemos	6. comience
2. facilite	7. haya
3. es	8. sigan
4. utilicen	9. acostumbremos
5. gastemos	10. sea

8.b Sinceramente; para colmo; La verdad es; Total, que

9.a 1-b; 2-d; 3-e; 4-c; 5-a

9.b
1. funcionamiento del transporte público
2. mantenimiento de zonas verdes
3. contaminación acústica

10
1. No pensábamos que estuvieras todavía en Buenos Aires.
2. Nunca imaginé que Miguel conociera la región.
3. No está claro que haya habido un problema entre ellos.
4. No es verdad que el ayuntamiento haya aprobado la construcción de un nuevo parque en el centro.
5. No pensé que la culpa fuera suya.
6. Mario no creía que aquello pudiera ser cierto.

11
1. Efecto invernadero	5. Huracán
2. Marea negra	6. Sequía
3. Deforestación	7. Terremoto
4. Lluvia ácida	

13 1-b; 2-a

14.a
1. La ganadora del premio del año anterior, Almudena Grandes, presidía el jurado.
2. Todos apoyaron a Carmen, incluso el jefe.
3. El alcalde, que llevaba ya tres años en el cargo, presentó ayer su dimisión.
4. Dice que la entrevista le salió bien, aunque reconoce que no la había preparado mucho.
5. Yo preparo la comida; tú, el postre.
6. Te has equivocado y, francamente, me molesta que no lo reconozcas.
7. Habíamos quedado ayer, pero no se presentó.
8. Quedamos dentro de dos días, o sea, el martes.

Autoevaluación

1 1-b; 2-a; 3-c; 4-a; 5-c; 6-b; 7-a; 8-a; 9-c; 10-b

2 1-b; 2-c; 3-a; 4-a; 5-b

Unidad 8

1.a
1. Campaña publicitaria
2. Artículos de oferta
3. Gama de productos
4. Etiqueta de un producto
5. Marca de prestigio
6. Vale descuento
7. Muestras gratuitas
8. Anunciarse en los medios

1.b
1. Campaña publicitaria
2. Muestras gratuitas
3. Marca de prestigio
4. Etiqueta de un producto
5. Anunciarse en los medios
6. Vale descuento
7. Gama de productos
8. Artículos de oferta

2.a
1. rellenaría
2. supiera
3. regalaran
4. utilizaría
5. viera; iría

3
1. hubiera recibido
2. hubiera esperado
3. hubiera comprado
4. hubiera(n) ofrecido
5. hubiera tocado

4 1-e; 2-c; 3-a; 4-b; 5-d

5
1. aconsejaría
2. hubieras tirado
3. hubieran ido
4. hubiera perdido; sabría
5. hubieras leído
6. sentirías
7. hubierais abierto
8. tomarían

6.b medicamentos; farmacias; receta; toma; médico; farmacéutico; enfermedad; antibióticos; prescripción; resistentes; curar; Automedicarse; tratamiento; concienciarse; facultativos

8.a Verdaderas: 2; 5; 6; 7; 8
Falsas: 1; 3; 4

9.a 1-h; 2-b; 3-c; 4-e; 5-d; 6-g; 7-a; 8-f

10
1. No estoy seguro, pero debe de ser algo que tiene muchas proteínas, ¿no?
2. Los médicos de atención primaria llevan varios años recetando medicamentos genéricos.
3. Es probable que con estas campañas la población deje de ingerir tantos antibióticos.
4. Ya me encuentro mucho mejor, pero sigo tomando el jarabe, porque tengo que terminar el tratamiento.
5. Los pacientes debemos hacer lo que nos aconsejan los especialistas.
6. Acaban de decir que no hay que tomar nada por un simple catarro.
7. Sería conveniente que empezaras a plantearte llevar una vida más sana.
8. ¡Ay, ay! Por favor, pásame un pañuelo que estoy a punto de estornudar.

11.a Grupo 1: pasta, cereales, pan, arroz
Grupo 2: fruta
Grupo 3: verdura, hortalizas
Grupo 4: frutos secos, pescado, carne, huevos, embutido, legumbres
Grupo 5: lácteos

11.b Grupo 1: pan de molde, magdalena, macarrones, fideos, cruasán
Grupo 2: ciruela, mandarina, melocotón, piña, pera
Grupo 3: espinacas, ajo, alcachofa, pepino, tomate
Grupo 4: alubias, jamón serrano, cordero, sardina, cacahuetes, ternera, merluza, lentejas, atún
Grupo 5: leche entera, yogur desnatado, queso fresco, flan
Grupo 6: margarina, aceite de oliva

11.d leche desnatada; yogur desnatado
arroz integral; cereales integrales; pasta integral; galletas integrales; pan integral
refresco *light*; patatas fritas *light*

12 equilibrada; grupos; aportan; fibra; integrales; propiedades; conservantes; calcio; ricos; hierro; vegetal; ingerir

13.a

	CATALINA	ENRIQUE	GABRIELA	ANTONIO
No toma fruta para desayunar.	X			
Come poca carne.		X		
A media mañana come algo de fruta.		X		
Come fuera de casa.			X	
Toma un sándwich por la tarde.	X			
Opina que come demasiado.				X
Le encantan los postres.			X	
Por la mañana toma queso.				X

14.a
1. No fumes. Corta por lo sano.
2. Total, por una colilla…
3. No recomiendes medicamentos. Tú no eres médico.
4. Fumar conduciendo también puede matar.

14.b
14.c
Anuncio n.º 2: Aunque parezca mentira, todavía son necesarias campañas de este tipo. Parece que las cientos de hectáreas que arden verano tras verano por culpa de una barbacoa, una hoguera, etc., no son suficientes para concienciar a la gente del peligro que esto supone. Sin embargo, creo que afortunadamente las generaciones que vienen están más concienciadas con estos temas.
Anuncio n.º 4: Aunque/A pesar de que todos sabemos que cualquier despiste al volante puede costarnos un disgusto, sin embargo me parece muy bien que se recuerden cosas de este tipo, porque todos pensamos en el móvil, pero no caemos en otro tipo de cosas que también hacen que durante unos segundos perdamos la atención.
Anuncio n.º 1: Sin duda, la mejor arma para evitar su consumo es la educación. Es fundamental que la gente se conciencie desde joven de que su consumo es muy perjudicial para la salud, porque, aunque/a pesar de que es algo tan evidente, sigue habiendo mucha gente que lo pone en duda.
Anuncio n.º 3: Aunque/A pesar de que es una práctica muy habitual en este país y que todos hacemos o hemos hecho alguna vez, creo que nunca está de más que se hagan campañas de este tipo para que la gente se conciencie de lo perjudicial que puede ser tomar algo por nuestra cuenta.

15
continu-amente: continua-mente
tran-smite: trans-mite
anu-ncio: anun-cio
mi-entras: mien-tras

Autoevaluación

1 1-b; 2-a; 3-b

2 1-b; 2-b; 3-c

Unidad 9

1

T	E	D	E	B	A	T	E	L	A	O
A	E	I	R	E	S	C	I	N	V	A
R	A	S	E	J	I	O	A	I	I	S
D	O	C	U	M	E	N	T	A	L	C
D	C	A	F	E	T	A	R	A	Í	O
A	R	D	E	N	M	U	T	N	R	Y
R	H	O	R	R	O	R	U	C	O	S
I	G	R	O	M	U	W	I	C	A	L
P	L	F	O	S	R	U	C	N	O	C
S	N	I	T	E	T	R	I	S	R	E
I	N	D	E	P	O	R	T	I	V	O

2.a

	N.º 1	N.º 2	N.º 3	N.º 4	N.º 5	N.º 6
documental				X		
infantil	X					
telenovela						X
concurso		X				
series			X			
musicales					X	

3.a
1. hasta que
2. Nada más
3. Mientras
4. en cuanto
5. Desde que
6. Hasta hace
7. En lo que

3.b
1. ◆ Oye, ¿puedes venir un momento?
   ◆ Sí, en cuanto termine de hacer esto.
2. ◆ ¿Cuándo se fue Jesús? No me pude despedir de él.
   ◆ Se fue justo antes de que llegaras.
3. ◆ Y con el niño, el trabajo, el curso… ¿Cuándo vas al gimnasio?
   ◆ Pues cuando puedo.
4. ◆ ¿Y cuándo fue esa discusión?
   ◆ Pues fue después de que te fueras.
5. ◆ ¿A qué hora puedo ir a recoger los libros?
   ◆ Cuando quieras.
6. ◆ Enseguida voy. Dame cinco minutos.
   ◆ Sí, sí, cuando puedas.

3.c
1. cumplan
2. empezar
3. llegaran
4. hay
5. tengo
6. terminó
7. haya
8. retransmitir
9. terminara
10. vea

5.a
1. ◆ ¿Te has enterado de que van a subir las matrículas para el próximo curso?
   ◆ Sí, algo había oído.
   ◆ Pues yo no tenía ni idea. ¿Cuándo lo han dicho?
   ◆ No lo sé exactamente. Yo me enteré por los periódicos.
   ◆ Pues a mí no me habías contado nada.
   ◆ Es que creía que ya lo sabías. ¡Chico, es que no te enteras nunca de nada!
2. ◆ ¿Sabes algo sobre la huelga de transporte?
   ◆ En el telediario dijeron que está convocada para el jueves.
   ◆ Ah, no sé por qué pensé que al final habían llegado a un acuerdo.
   ◆ Oye, hay que avisar a Pedro que seguro que no se ha enterado.
   ◆ Tienes razón.
   ◆ Sí, o de lo contrario va a pasarse una semana protestando, porque nadie le había dicho nada.

7.a Verdaderas: 2; 3; 6
Falsas: 1; 4; 5; 7; 8

7.b La responsabilidad es de los padres

8.a
1. habremos llegado
2. habrán desaparecido
3. habrán cerrado
4. habrá despegado
5. habré redactado

9
1. cultura
2. deporte
3. espectáculos
4. internacional
5. economía
6. sociedad

10
1. revistas literarias
2. revistas de informática
3. revistas de jardinería
4. revistas culinarias/gastronómicas/de cocina
5. revistas científicas

11.a 1-d; 2-f; 3-a; 4-b; 5-c; 6-e

11.b
1. La convencí analizando el problema punto por punto.
2. Me rompí la pierna corriendo.
3. Carlos le dio la noticia yendo en el coche.
4. Los beneficios anuales aumentaron considerablemente siendo García presidente de la empresa.
5. Encontré a Susana saliendo del aeropuerto.
6. Se conocieron estudiando en la universidad.

12
◆ Alejandro, no lo dudes. Hoy en día la radio es el medio de comunicación que mejor imagen tiene entre los españoles.
◆ Sí, ya, pero no me puedes negar que la televisión gana a la radio con creces. Poquísima gente escucha la radio.
◆ Perdona, pero creo que eso no es así. Hay mucha gente que prefiere la radio para estar informada, porque es mucho más objetiva que la televisión.
◆ No estoy muy de acuerdo con eso, y las cifras están conmigo. Según la última encuesta del CIS, el 83,1% de los españoles ve la tele a diario.
◆ Ya, pero la mayoría tiene muy mala opinión de la televisión.
◆ Sí, tendrá muy mala reputación, pero todo el mundo la ve, porque es posible que…
◆ Perdona que te interrumpa, pero…
◆ Espera un momento, déjame terminar. Es posible que la radio sea más educativa, parcial y formativa, pero el siglo xxi es imagen.
◆ Sí, pero yo creo que la radio posee unas ventajas: inmediatez, cercanía… que no tiene la televisión.
◆ Sí, sí. Si yo no te lo discuto, pero dime cuánta gente conoces que no vea la tele y que solo escuche la radio.

13.a 1-a; 2-b; 3-a; 4-c

14.c

	1	2	3	4	5	6	7
	X		X		X		
		X		X		X	X

Autoevaluación

1 1-c; 2-b; 3-a; 4-c; 5-c; 6-a; 7-b; 8-c; 9-b

2 1-b; 2-a; 3-b; 4-c; 5-a; 6-a; 7-b; 8-c; 9-c

Unidad 10

1.a 1-c; 2-b; 3-a

2
Queremos una casa, no una **hipoteca**
Una solución YA para las viviendas **desocupadas**
Viviendas **sobrevaloradas**, jóvenes empobrecidos
Derecho a una vivienda **digna**. NO a la burbuja **inmobiliaria**
NO al alto precio del **suelo**
Contra la **especulación** y la **burbuja** inmobiliaria

3.a Verdaderas: 1; 2
Falsas: 3; 4

3.b Verdaderas: 1; 2; 3; 5

3.c
Introducir una opinión: Bueno, yo quería decir que…
Interrumpir: ¿Puedo decir algo?
Pedir a alguien que guarde silencio: ¿Me dejas que termine?; Un momento, por favor, ya termino.
Disculparse por interrumpir: Sí, sí, disculpa; Claro, claro, perdona, sigue.
Reanudar una intervención: Lo que yo quería decir es que…; Lo que estaba diciendo es que…
Pedir una aclaración: ¿Qué quieres decir con esto último?

4
1. La madre le preguntó a su hijo (que) si había terminado de hacer los deberes.
2. Enrique me preguntó (que) a qué hora llegaba/llegaría Antonio esta tarde.
3. Su amiga le preguntó (que) si había estado alguna vez en Japón.
4. Su mujer le preguntó (que) cuándo terminaría el trabajo y podrían irse de vacaciones.
5. El periodista se preguntaba (que) cómo era posible que hubieran podido desalojar a los okupas por la fuerza.

5
1. comentó   4. preguntó   7. informaron
2. pidió   5. contó   8. negó; añadió
3. amenazó   6. prometió   9. avisó

6.a
Papá, la abuela llamó ayer para recordarte que el ~~sábado por la noche~~ ~~mi~~ tía Concha celebra su cumpleaños y que tienes que ~~traer~~ la tarta de la pastelería que hay debajo de ~~su~~ casa.
Papá, ayer por la tarde llamó Adolfo y dijo que ~~si le~~ invitas a cenar el ~~domingo~~. También me dijo que se lo digas cuanto antes porque quiere ~~encargar~~ comida japonesa.
Papá, esta tarde ha llamado Claudia y ha dicho que si puedes ~~llevarla~~ al aeropuerto a las dos. No ~~quiere~~ coger un taxi porque dice que ~~son muy caros~~.

7
1. Javier dijo que no podía ir a comer porque tenía que terminar el informe.
2. Mi hermana me prometió que iría de compras conmigo, si yo la acompañaba al dentista.
3. Mis padres me contaron que Montevideo había cambiado mucho en estos años.
4. Mis vecinos me invitaron a una fiesta.
5. Mi amiga me prometió que no se lo contaría a nadie.
6. Mi compañero de piso me aseguró que no había llamado nadie.
7. Mi hermano mayor me aconsejó que me informara mejor antes de tomar una decisión.
8. Mi compañero de alemán me recordó que le llevara los apuntes y el diccionario.

8
1. Antonio: «Me gustaría ir contigo al cine, pero no puedo porque mañana tengo un examen».
2. Lola: «El lunes ya habré terminado todos los exámenes y podremos salir».
3. Mi abuela: «Este anillo será para ti. Te lo prometo».
4. Su padre: «Deberías estudiar más y no salir tanto de fiesta».
5. El médico: «Tienes que dejar de fumar y hacer un poco más de ejercicio».

11.a
1. La okupación en España comenzó hace más de sesenta años…
2. Denunciar la especulación inmobiliaria…
3. No siempre, porque nosotros reivindicamos la ocupación como derecho.
4. En los centros sociales okupados se realizan actividades…

5. Bueno, es bastante variada...
6. Bastante esperanzador porque, de hecho, cada vez...

12.a Grupo 1: 1; 6; 7
Grupo 2: 2; 4; 8
Grupo 3: 3; 5; 9

Autoevaluación

1 1-b; 2-a; 3-c; 4-a; 5-b; 6-a; 7-c; 8-b

2 1-b; 2-b; 3-a; 4-b; 5-a; 6-b

Unidad 11

1.b Pancho: 2; 3; 5   Ana: 4; 7
Laura: 1; 9   Mayte: 6; 8

2
1. a no ser que/salvo que
2. salvo si/excepto si
3. siempre que/siempre y cuando
4. siempre que/siempre y cuando
5. a no ser que/salvo que
6. con tal de que/siempre que/siempre y cuando

3 1-e; 2-f; 3-a; 4-h; 5-d; 6-g; 7-c; 8-b

4 Está descargando unas fotos de la cámara digital para guardarlas en el ordenador.

5.a **No sé insertar una imagen en un texto.**
Primero, se hace clic en la barra de herramientas donde pone *insertar* y se abre una ventana donde aparecen todas las posibilidades.
Después, se pone el ratón en *imágenes* y se despliega otra ventana. Se pulsa *desde archivo*. En la pantalla

aparecerán todas las imágenes que se hayan guardado en una carpeta.
Luego, se selecciona la imagen deseada, se pulsa en *insertar* y ya debería aparecer la imagen en el texto. Y por último, se hace doble clic sobre la imagen, si se desea modificarla en tamaño y diseño.

La impresora no imprime.
Primero, se debe comprobar si la configuración de la impresora es correcta.
Si la configuración es correcta, se debe comprobar que la impresora seleccionada coincide con la que se está utilizando.
Para ello, primero se pulsa sobre *archivo* y después se hace clic en *imprimir*.
Por último, se hace clic en el nombre de la impresora que quieres utilizar en el cuadro *nombre*.

8.b Robert necesita un curso que prepare para los exámenes DELE.
Anna busca una escuela que esté en un sitio con playa.
Carlos quiere una escuela que dé cursos de español orientado al mundo del trabajo.
Sheila busca una escuela que dé cursos de español orientado al turismo y que, además, compagine las clases con otras actividades.

9
1. tenga
2. está
3. sean
4. hable
5. licencien
6. pueda
7. apellide
8. gusta
9. atendió
10. alquila
11. vive
12. tenga

11.a

	ESPAÑOL ¡YA!	CUADERNOS CERVANTES	MATERIALES	ECOS
Cada número de la revista se centra en un único tema.			X	
Publica un número al mes.	X			X
Publica entrevistas.		X		X
Para tener acceso a todos los ejercicios hay que suscribirse.				X
Presenta actividades basadas en contenidos socioculturales.			X	
Revista para profesores y estudiantes.		X		
Recoge artículos de prensa.	X			
Dedica una sección a la gramática.	X			X

11.b 1-c; 2-d; 3-b; 4-a

14.a Hacer un ruego: Te ruego que tengas más paciencia.
Hacer una petición: Os agradecería que me comprarais el periódico.; Quisiera que me trajera la cuenta, por favor.
Dar un mandato: Llamadme en cuanto lleguéis.; ¡Tú hazle caso!; No fumes tanto.

Autoevaluación

1 1-b; 2-a; 3-b; 4-c; 5-a; 6-b; 7-c; 8-c; 9-a; 10-c; 11-b; 12-c; 13-b

Unidad 12

1.a Ir de acampada
Ir a Madrid
Alquilar una casa rural

1.b
1. Os propongo que vayamos a Madrid.
2. ¿No querríais ir a un sitio que estuviera más cerca?
3. Yo propongo que nos vayamos de acampada a la sierra.
4. ¿Y no os apetecería ir a una casa rural?

2 1. alquilemos   2. ver; fuéramos

3. ir
4. venir
5. vayamos

4.a 1-a; 2-d; 3-e; 4-c; 5-b

4.b
1. se puso
2. se ha vuelto
3. llegar a
4. convertirse en
5. se hizo

4.c

PONERSE	VOLVERSE	HACERSE
rojo triste enfermo contento insoportable	loco insoportable	budista abogado ecologista rico

5 1-c; 2-g; 3-e; 4-b; 5-d; 6-a; 7-f

6 ya que es el elemento protagonista de sus cuadros
de playas y paisajes
tal como se aprecia en esta y otras muchas de sus obras
junto con los verdes, azules y blancos que dibujan el mar
pero su luz se proyecta por todo el lienzo

7.a azul cielo, azul marino
rojo vino
verde botella, verde pistacho
amarillo limón

8.b Verdaderas: 1; 3
Falsas: 2; 4

9.a

9.b
1. espectacular; no está mal
2. es un horror; me parece una maravilla
3. Está muy bien.
4. es increíble
5. un espanto

11.a esperanzado-desesperanzado
optimista-pesimista
paciente-impaciente
animado-desanimado
quieto-inquieto
confiado-desconfiado
crédulo-incrédulo
contento-descontento
tolerante-intolerante

11.b
1. desanimada
2. crédulo
3. paciente
4. optimista
5. descontento
6. intolerante
7. desconfiada
8. inquieto

13.a
1. ¿Qué decía la carta?↓
2. ¿Vuelves hoy ↑ o mañana?↓
3. ¿En qué puedo atenderle?↓
4. ¿Se lo dices tú ↑ o se lo digo yo?↓
5. ¿Sabes cómo se hace esto? ↑
6. ¿Dónde has leído eso?↓
7. ¿Va a venir Juan a trabajar? ↑
8. ¿Le quiere dejar un recado ↑ o prefiere llamar más tarde?↓

	VALORACIÓN POSITIVA	VALORACIÓN NEGATIVA	AMBAS (SEGÚN LA ENTONACIÓN)
Es precioso.	X		
Yo creo que es buenísima.	X		
Es impresionante.			X
Regular.		X	
Es una maravilla.	X		
Es increíble.			X
No está mal.			X
A mí me ha parecido horrorosa.		X	
A mí me parece un espanto.		X	

Autoevaluación

1 1-a; 2-c; 3-b

468
LEN

#527892

+ CDROM